우리에게 사랑과 지혜에 대해
제일 먼저 가르쳐주신 부모님들께
이 책을 바칩니다.

Christian Reflections on the Leadership Challenge
by James M. Kouzes & Barry Z. Posner

Copyright © 2004 by John Wley & Sons, Inc.
Translated from the original English title:
Christian Reflections on the Leadership Challenge
Originally published in English under the title
Christian Reflections on the Leadership Challenge
by Jossey-Bass A Wiley Imprint 989 Market
Street, San Francisco, CA 94103-1741, U.S.A.

All rights reserved. This translation published under license.

Korean Edition Copyright © 2009 by Timothy Publishing House Inc., Seoul, Republic of Korea.

본 저작물의 한국어판 저작권은 John Wiley & Sons, Inc와 독점 계약한 (주) 도서출판 디모데에 있습니다.
신 저작권법에 의하여 한국 내에서 보호받는 저작물이므로 무단 전재와 무단 복제를 금합니다.
※본문의 성경은 한글개역개정을 사용하였습니다.

Christian LEADERSHIP CHALLENGE

크리스천 리더십 챌린지

C.O.N.T.E.N.T.S

서문 • 7
존 맥스웰

01 | 리더십은 모든 사람에게 필요하다 • 11
제임스 쿠제스와 베리 포스너

02 | 모범적인 리더십의 다섯 가지 원칙 • 23
제임스 쿠제스와 베리 포스너

03 | 리더십의 본을 보이라 • 69
존 맥스웰

04 | 공통의 비전을 강화하라 • 89
데이빗 매컬리스터 윌슨

05 | 변화의 과정에 도전하라 • 111
패트릭 렌시오니

| 06 | 사람들을 행동하게 하라 • 129
낸시 오트버그

| 07 | 마음을 격려하라 • 151
켄 블랜차드

| 08 | 리더십은 관계다 • 177
제임스 쿠제스와 베리 포스너

주 • 191
리더십 추천 도서 • 197
감사의 말 • 203
저자 소개 • 207

서문

20년 전, 「리더(The Leadership Challenge, 크레듀)」가 경제·경영 관련서로 처음 등장했을 때, 그 책의 메시지는 매우 생경하게 들렸다. 시중에 나온 다른 많은 경제·경영 관련서들은 '사람들을 위협해서 이끌어가라'거나 '다른 사람보다 성공하는 법' 같은 메시지를 외쳐댔다. 그 결과 독자들은 사업의 성공 전략은 들었지만 진정으로 영감을 불러일으키는 리더십의 가장 중요한 요소는 놓치고 말았다. 그 요소란 바로 '종의 마음'이다.

예수님은 모든 시대를 통틀어 가장 위대한 리더로 평가받으셨다. 그러나 그분의 리더십 전략은 – 만약 그렇게 부를 수 있다면 – 진부한 지혜였다. "무엇을 얻기 위해 주지 말라, 주는 것이 옳은 일이기 때문에 주라, 가장 위대한 자가 되기를 원하는가? 그렇다면 다른 사람들의 종이 되라, 중요한 것들에 초점을 맞추라, 그러면 작은 일들은 저절로 해결될 것이다. 사람들에게 무엇을 하라고 말만 하지 말라, 실제로 보여주라, 황금률을 실천하라, 특히 당신이 지도하는 사람들에게 그렇게 하라 그리고 기계적인 가르침이 아닌 이야기를 통해 가치를 전달하라."

한번 잘 생각해보라. 예수님이 말씀하신 이야기, 즉 심오한 진리들을 가르쳤던 비유들은 2천 년의 세월을 견뎌왔다. 그 이야기들이 성공적인 리더십에 대한 열 가지 핵심이나 여덟 가지 비결을 포함하고 있기 때문이 아니라, 예수님이 이러한 단순한 이야기들을 통해 주시는 진리들이 현실 세계에 있는 우리의 심금을 울리기 때문이다. 이것은 우리가 리더라는 직위를 갖고 있건 리더십을 배우는 입장에 있건 마찬가지다.

이 책 역시 주로 이야기를 사용해서 그 메시지의 핵심 가치들을 전달하고자 한다. 제임스 쿠제스(James M. Kouzes)와 베리 포스너(Barry Z. Posner)가 집필한 「리더」는 본래 일반 리더십 시장을 대상으로 만들어졌지만, 성경이 가르치고 있는 원리들을 추출해낸 것이라 할 수 있다.

1. 본을 보이라.
2. 공통의 비전을 강화하라.
3. 변화의 과정에 도전하라.
4. 사람들을 행동하게 하라.
5. 마음을 격려하라.

이 다섯 가지 원칙은 예수님의 삶에서 모두 찾아볼 수 있다.

크리스천 리더들이 이러한 원리들을 실천한다면, 우리가 속한 회사, 학교, 교회, 스포츠 단체 및 개인 사업장에서 어떤 일들이 일어날지 상상해보라! '종의 마음'이라는 관점에서 보면, 리더십은 단지 하나의 일이 아니라 소명이다. 그것은 삶을 변화시키고, 다음 세대 리더들을 일으킨다. 그리고 하나님이 각 개인의 영혼에 심어놓으신 소명 의식을 일깨워준다.

나는 강연을 하면서 만난 리더들에게, 리더십 혹은 은사의 잠재력은 자기를 꼭 따를 필요가 없는 사람을 인도해볼 때까지는 절대 제대로 알 수 없다고 상기시킨다. 이 책을 읽는 당신은 아마 그것을 본능적으로 이미 알고 있을 것이다. 또한 리더십이라는 은사는 만들어질 수 없다는 점 역시 알고 있을 것이다. 그것은 불러 모을 수도 없다. 그것은 타고난 은사로서 지시를 하고, 변화를 일으키며, 사람들의 삶에 영향을 끼치는 것으로 나타난다.

세상에는 두 종류의 사람이 있다. 일을 성사시키는 사람과 성사된 일을 보고 놀라는 사람이다. 리더는 일을 성사시키는 능력을 갖고 있다. 스스로를 위해 일을 성사시키는 방법을 알지 못하는 사람은, 다른 사람을 위해 일을 성사시키는 방법도 알지 못할 것이다.

리더는 미래에 영향을 끼치는 사람이다. 미래를 어떻게 다루는가에 따라 업적을 남길지 유산을 남길지가 달라진다. 그것이 바로 이 책이 다루고 있는 주제다. 타고난 리더십 은사에 대한 기대치를 높여, 모범적 리더십의 다섯 가지 원칙을 매일의 삶에 통합시킬 수 있도록 돕는 것이다.

이 책을 읽으면서 때로 굉장한 리더십의 도전에 직면했던 다양한 믿음의 사람들을 만나게 될 것이다. 그들의 공통 요소는 믿음을 갖고 일함으로써 그 다섯 가지를 실천해냈다는 것이다.

리더로서 우리가 갖고 있는 개인적 영향력은 놀랄 만한 결과를 낳을 수도 있고, 실망스러운 결과를 낳을 수도 있다. 또한 그것은 우리보다 더 큰 근원인 하나님의 지혜에 단단히 매여 있을 수도 있고, 아니면 우리의 이기적인 동기에 의해 망가질 수도 있다. 선택은 우리에게 달려 있다.

요컨대, 이 책은 자기 삶을 다른 사람들에게 투자함으로써 가장 좋은 리더가 되기를 열망하는 사람들을 위한 것이다. 당신이 예수님이 몸소 보여주신 리더십의 모범을 따라 살 때, 당신의 삶에 놀라운 일이 일어날 것이다.

2004년 1월
인조이(Injoy) 그룹 설립자
존 맥스웰(John C. Maxwell)

CHRISTIAN LEADERSHIP CHALLENGE 01

리더십은 모든 사람에게 필요하다

제임스 쿠제스와 베리 포스너(James M. Kouzes & Barry Z. Posner)

20년 전 우리가 리더십에 대해 연구하기 시작했을 때, 많은 사람들이 리더십은 높은 지위에 있는 사람들에게만 필요한 것이라고 생각한다는 사실에 우리는 당혹감을 느꼈다. 리더십은 소수의 사람만이 배울 수 있는 것이고, 그외 대부분의 사람들은 리더십을 제대로 배울 수 없다는 생각은 우리의 우려를 자아냈으며, 더불어 사람들이 수퍼 스타 경영자들을 리더십의 역할 모델로 삼고 있다는 사실에 염려가 되었다.

지위가 높은 사람들이 모범적 리더가 아니라는 말은 아니다. 단지 그런 사람들은 소수에 불과하다는 것뿐이다. 권력과 명성을 가진 사람들에게만 관심을 갖다보니, 다른 많은 사람들을 방치하는 결과를 낳고 말았다. 그러나 분명한 사실은 어떤 성공한 단체의 가장 높은 지위에 있는 소수의 사람들 외에 보다 많은 모범적 리더가 존재한다는 것이다. 우리는 분야와 지위 고하를 막론하고 조직에 속한 모든 사람들이 그 안에서 이루어지는 놀라운 일에 어떤 기여를 했는지 알기 원했다. 우리는 그들의 활동에 주목할 가치가 있다고 생각했다.

우리는 한 번에 한 명씩 리더십에 대해 연구하기 시작했다. 그들이 리더로서 개인적으로 최선을 다했을 때가 언제인지 조사했다. 가까이서 흔히 볼 수 있는 평범한 사람들에게 물었고, 다양한 연령층, 인종, 종교를 가진 사람들에게 물었으며, 여러 지역과 여러 나라에 사는 사람들에게도 물었다. 그렇게 조사를 해보니, 조사에 참여한 모든 사람들은 자신만의 이야기를 갖고 있었다. 그것은 지금도 마찬가지다.

우리는 교회 및 종교 단체에서 운영하는 기관들, 영리 및 비영리 회사, 제조 및 서비스 회사. 정부 기관, 학교, 군대, 보건, 오락 및 지역사회 봉사 단체 등에서 모범적 리더들을 찾아보았다. 리더들은 모든 도시와 나라, 모든 지위와 장소에 있었다. 그들은 고용인과 자원봉사자, 청년과 노인, 부자와 가난한 자, 남자와 여자다. 리더는 인종이나 종교, 문화에 구애를 받지 않는다. 우리는 모든 곳에서 모범적인 리더를 발견했다.

이런 사례들을 검토하고, 수많은 리더십 실제 조사(LPI)[1]에서 얻어낸 실증 자료들을 분석한 결과 수준, 장소, 스타일, 인종, 연령, 성별, 종교, 성격에 상관없이, 모범적 리더는 다른 사람들을 개척의 길로 인도할 때 비슷한 행동 방식을 보인다는 사실을 발견했다. 각 경우마다 표현되는 방식은 독특했지만, 그들의 행동에서 유사한 유형들을 발견할 수 있었다. 우리는 그것을 모범적 리더십의 다섯 가지 원칙이라고 부른다.[2] 리더들이 최선을 다할 때 나타나는 다섯 가지 원칙은 다음과 같다. 모범적인 리더들은

1. 리더십의 본을 보인다.
2. 공통의 비전을 강화한다.
3. 변화의 과정에 도전한다.

4. 사람들을 행동하게 한다.
5. 마음을 격려한다.

다섯 가지 원칙은 우리가 연구한 사람들이나 소수의 선택받은 스타 CEO들의 전유물이 아니다. 리더십은 사람들의 DNA에 내재해 있는 것이 아니다. 또 어떤 기관의 최고위층에게서만 찾아볼 수 있는 것도 아니다. 사람들이 위대한 일을 하도록 인도할 수 있는 사람이 제한된 소수에 불과하다는 이론은 잘못된 것이다. 리더십은 보통 사람들이 자신과 다른 사람들에게서 최선의 것들을 끌어낼 때 사용하는 과정이다. 리더십은 모든 사람에게 필요하다. 이 책은 크리스천 리더들이 다른 사람들이 위대한 일을 하도록 도울 때, 다섯 가지 원칙을 어떻게 적용할지에 대해 이야기한다.

기독교적 성찰

「크리스천 리더십 챌린지」는 존 맥스웰이 다섯 가지 원칙을 인조이 그룹이 후원하는 리더십 컨퍼런스의 틀로 사용하자고 제안하면서 시작되었다. 존 맥스웰은 활기 넘치는 젊은 크리스천 리더들에게 리더십에 대한 메시지를 전하면서 다섯 가지 원칙을 소개하기 원했고, 우리를 초대해 컨퍼런스에서 발표하도록 주선했다. 제임스 쿠제스가 기본 틀을 소개했는데, 열렬한 호응을 받았다. 그 행사에 참석한 사람들은 다섯 가지 원칙이 우리가 다양한 상황에서 연구한 다른 사람들과 마찬가지로 자신들에게도 그대로 적용할 수 있음을 발견했다.

제임스에 이어 강단에 오른 여섯 사람 켄 블랜차드(Ken Blanchard), 빌 브라이트(Bill Bright), 존 맥스웰, 케빈 마이어스(Kevin Myers), 낸시 오트버그(Nancy Ortberg), 앤디 스탠리(Andy Stanley)는 교회와 기독교 기관 및 일반 단체에서 전설적인 리더십을 인정받고 있는 사람들이다. 그들은 자신의 이야기들을 나누고, 다섯 가지 원칙 가운데 하나에 대해 실제적인 교훈을 제시했다. 존 맥스웰의 예상은 적중했다. 이 다섯 가지 원칙은 컨퍼런스에 참석한 사람들에게 커다란 반향을 불러일으켰다.

사람들이 리더십 컨퍼런스에서 보여준 열광적인 반응과 존의 격려에 힘입어, 우리는 신앙과 리더십을 통합한 다섯 가지 리더십 원칙을 크리스천 리더들에게 더 직접적으로 전달할 수 있는 책을 만들기로 했다. 거기에 조시 바스(Jossey-Bass) 출판사가 책을 내기로 동의하면서 이 책이 탄생했다.

우리는 「리더」의 메시지를 기독교적 상황에 좀 더 잘 접목시키기 위해, 기독교 기관과 일반 기관에서 일하는 여러 교단 소속 사람들과 인터뷰했다. 우리는 출판사와 인조이 그룹 그리고 친한 동료들의 도움을 받아 성경의 가르침을 삶에 구현하고, 다섯 가지 원칙을 잘 실천해온 많은 모범적인 리더들을 찾을 수 있었다. 우리는 그들이 개인적으로 리더로서 최고의 경험을 했을 때가 언제인지 알아내기 위해, 다른 리더들에게 던졌던 것과 같은 질문을 했다. 이 책 2장에 영감 넘치는 그들의 이야기를 수록해 놓았는데, 그 이야기들을 통해 그들이 어떻게 다른 사람들이 위대한 일을 하기 원하도록 도움을 주었는지 배우게 된다.

우리는 또 다섯 명의 명망 높은 리더들에게 이 다섯 가지 원칙들에 대해 성찰해달라고 부탁했다. 우리는 그들에게 "당신의 경험에 비추어 이

다섯 가지 원칙들에 대해 평가해주십시오" "이 다섯 가지 원칙 가운데 특별히 크리스천 리더십에 적용할 수 있는 교훈은 무엇입니까?" "당신의 신앙은 당신의 리더십에 어떤 영향을 끼칩니까?" "어떻게 이 원칙들을 활용해서 다른 사람들을 더 나은 리더이자, 더 나은 크리스천이 되도록 도울 수 있을까요?" "우리의 연구와 당신의 경험에 비추어볼 때, 크리스천 리더들은 스스로에게 어떤 질문들을 해야 할까요?" 와 같은 질문들을 했다. 이러한 질문들에 대한 그들의 답이 「크리스천 리더십 챌린지」의 상당 부분을 차지한다. 당신은 이 책을 읽는 동안 명망 높은 리더들이 직접 경험을 통해 체득한 진리와, 그들의 마음에서 우러나오는 이야기를 듣게 될 것이다.

리더들을 위한 현장 지침

이 책의 기본 목적은 세상에 긍정적인 변화를 가져올 수 있는 능력을 강화하도록 사람들을 돕는 것이다. 분명 그것이 작은 바람은 아니지만, 하나님의 일은 그 일을 하는 사람들이 긍정적인 변화를 가져올 수 있다고 믿을 때 가장 효과적으로 이루어지는 법이다. 당신이 교인, 목사, 고용인, 관리인, 자원봉사자, 보모, 학생 등 어떤 역할을 맡고 있든지, 이 교훈들은 모든 상황에 적용할 수 있다. 이 원리들을 기독교 기관, 회사, 정부단체, 비영리 기관, 이웃, 지역사회 또는 가정 등 어디에 적용하든지, 사람들을 지금껏 가보지 못한 곳으로 인도하는 당신의 리더십을 향상시켜줄 것이다.

우리는 당신이 전통적인 잣대로 평가되었던 것보다 훨씬 더 훌륭한 리더가 될 수 있다고 믿는다. 운이 좋은 소수의 사람만이 리더십의 비밀을 알 수 있다는 말은 잘못된 신화다. 사실 리더십은 당신이 어디에 있든지 보여줄 수 있는 기술이요 능력이다. 그리고 리더십은 다른 기술들과 마찬가지로 동기부여와 소원, 실습과 피드백, 적절한 역할 모델과 코칭 등이 이루어지기만 하면 강화하고, 연마되며, 고양될 수 있다. 이 책은 마치 리더십이 하나의 지위인 양, 그것을 유지하기 위해 써진 것이 아니며, 용기를 내서 당신과 다른 사람들의 삶에 큰 변화를 가져오도록 하기 위한 것이다.

2장에서는 다섯 가지 원칙이 무엇인지 설명한다. 우리는 각 원칙을 실제 리더들의 예를 통해 살펴보면서 그들의 행동 근저에 자리하고 있는 원리들에 대해 토론한다. 개인의 이야기와 학문적 연구 조사를 통해, 우리는 리더들이 본을 보이고, 공통의 비전을 강화시키며, 변화의 과정에 도전하고, 사람들로 행동하게 하며, 마음을 격려할 때 그들이 어떤 식으로 행동하는지 보여줄 것이다.

이어서 나오는 다섯 장은 이 다섯 가지 원칙 각각에 대한 크리스천 리더들의 개인적 평가를 다룬다. 3장에서는 이 책을 만드는 데 결정적으로 기여한 존 맥스웰이 리더십의 본을 보인다는 것이 무엇인지 설명한다. 존은 인조이와 이큅(Equip)의 창립자며, 스무 권이 넘는 책의 저자다. 그 중에는 「리더십 21가지 법칙(The 21 Irrefutable Laws of Leadership, 청우)」이라는 베스트셀러가 포함되어 있다.³ 존은 "다른 사람들을 움직이기 전에 자기 자신을 움직이라" 또 "리더의 삶은 거울이다. 그들이 이끄는 사람들이 배웠으면 하는 원리들을 반사해준다"고 말한다. 그는 리더들에게 세상에서 다른 사람들이 모방했으면 하는 것을 보여주는 본이 되라고 가르친다.

웨슬리 신학교 총장인 데이빗 매컬리스터 윌슨(David McAllister-Wilson)은 4장에서 공통의 비전을 강화하는 문제에 대해 설명한다. 그는 "비전이 전부는 아니지만 모든 것의 시작"이라고 말한다. 데이빗은 어려운 문제들을 품고 그것을 미래의 가능성으로 바꾸는 것에 대해 말한다.

5장에서 패트릭 렌시오니(Patrick Lencioni)는 변화의 과정에 도전하는 문제에 대해 설명한다. 패트릭은 테이블 그룹(Table Group)의 회장이자, 「CEO가 빠지기 쉬운 5가지 유혹(The Five Temptations of a CEO, 위즈덤 하우스)」[4]을 비롯해서 리더십과 팀에 대해 여러 권의 책을 쓴 저자다. 그는 "과정에 도전하고 세상을 변화시키려고 하기 전에, 크리스천 리더들은 두 가지 문제, '나는 정말로 누구를 섬기려고 하는가?' '나는 정말로 고난을 감수하려고 하는가?'를 스스로 물어보아야 한다"고 말한다. 그러고 나서 그는 인내, 겸손, 위험 같은 중요한 문제들에 대해 이야기한다.

6장에서 낸시 오트버그는 다른 사람들을 행동하게 만드는 문제에 대해 설명한다. 낸시는 시카고 윌로우크릭 교회(WillowCreek Community Church)의 액시스(Axis) 사역 담당자다. 그녀는 "예수님은 협력을 촉진하고 개인을 강화시키는 것에 대해 가장 모범이 되시는 분"이라고 말한다. 낸시는 왜 권력을 포기하는 것이 권력을 붙잡고 놓지 않는 것보다 훨씬 더 효과적인지 감동적인 예를 들어가며 설명한다.

켄 블랜차드는 7장에서 마음을 격려하는 문제에 대해 설명한다. 그가 스펜서 존슨(Spencer Johnson)과 함께 쓴 책 「1분 경영(The One Minute Manager, 21세기 북스)」[5]은 경영 관리 서적의 신기원을 이루었다고 평가받고 있다. 그 책은 9백만 권 이상 판매되었다. 켄은 또 '켄 블랜차드 컴퍼니'의 공동 창립자며, 현재는 사람들이 예수님 같은 리더가 되는 법을 배우도록 돕는 데 대부분의 시간을 쓰고 있다. 켄은 당신 자신보다 다른 사람들을 더 돌보는 것이 당신을 통해 하나님의 기적이 일어나도록 하는 관건이라고 설명하며, 그것이 바로 섬기는 리더라고 말한다.

당신은 이 책 각 장에 담겨 있는 각 개인의 이야기, 몸부림, 도전에 나타난 인간 냄새 물씬 나는 특성을 즐기게 될 것이다. 그들의 경험과 신앙에서 체득한 통찰들은 당신의 리더십을 향상시키는 데 큰 도움이 될 것이다.

각 장을 읽어나가면 다섯 가지 원칙들이 어떻게 서로 연결되어 있는지 바로 알게 될 것이다. 다섯 가지 원칙 하나하나가 독특한 원리지만, 모범적 리더십은 한 가지에 의지해서는 이루어질 수 없다는 사실을 알아야 한다. 그것은 손가락 하나만 갖고 손 전체가 하는 일을 할 수 있다고 기대하는 것과 마찬가지다. 이 문제는 나중에 자세히 다룰 것이다.

마지막 장에서는 다섯 가지 원칙을 다루면서 공통적으로 나타나는 주제들을 살펴볼 것이다. 우리는 리더십 과정에서 신앙의 역할과 위치를 살펴보고, 모든 리더십 활동이 근거하고 있는 기초가 무엇인지 연구 조사한 것을 공개할 것이다. 또 리더십을 위해 왜 당신 자신을 제일 먼저 살펴봐야 하는가에 대해 토론하고 마지막으로 성장과 개발을 계속해나갈 수 있는 방법에 대해 지침을 제공할 것이다.

결론적으로 말해서 리더십 도전에 응한다는 것은 개인적인 도전이요, 매일 직면하는 도전이다. 우리가 인생 말년에 남길 유산은 우리가 매일매일 이끌었던 우리의 삶이다. 지금 우리 자신에게 물어야 하는 질문은

"세상을 변화시키기 위해 나 자신을 어떻게 충분히 활용할 것인가?" 하는 것이다.

CHRISTIAN LEADERSHIP CHALLENGE 02

모범적 리더십의 다섯 가지 원칙

제임스 쿠제스와 베리 포스너

시간이 지나면 세상은 변한다. 세월이 흐르면 오늘날의 세상과 다른 세상이 펼쳐진다. 그리고 그 가운데 어떤 사람들은 경험을 뛰어넘어 미래를 내다본다. 그들은 꿈이 이루어질 수 있다고 믿는다. 그들은 우리의 눈을 뜨게 만들고 정신을 고양시킨다. 그들은 우리의 신뢰를 확립하고 관계를 강화시킨다. 그들은 저항의 바람에도 흔들리지 않으며 우리에게 계속 탐구할 수 있는 용기를 준다. 우리는 이런 사람들을 리더라고 부른다. 그들은 지금껏 가보지 못한 곳으로 우리를 데려간다. 우리에게 그런 리더가 있다는 점에서 우리는 운이 좋은 사람들이다.

모범적인 리더십의 다섯 가지 원칙은 역사상 특별한 순간에 일어난 사건이 아니다. 그것들은 시간의 시험을 통과하고 검증된 것들이다. 가장 최근의 연구 결과에 따르면, 그것들은 우리가 처음에 연구를 시작할 때 그랬던 것만큼 오늘날에도 변함없이 적용된다.

앞으로 살펴보겠지만, 다섯 가지 원칙은 리더십의 도전을 받아들이는 사람이라면 누구에게나 적용되며, 회사, 공동체, 교회 또는 어떤 상황에서든 다 적용된다. 이런 사실은 우리에게 큰 격려가 된다. 또한 미래에 대한 커다란 희망을 준다. 누군가가 백마를 타고 와서 우리를 구원해주기를 기다릴 필요가 없다는 의미기 때문이다. 변화를 일으킬 기회를 찾는 잠재적 리더들이 부족하지 않다는 의미기 때문이다. 그리고 확실히 이 어려운 시기에 우리가 살고 일하는 세상을 크게 변화시킬 수 있는 도전의 기회는 충분히 많다.

'과연 정말 그럴까?' 하는 의심이 든다면, 200명 이상의 학자들이 다양한 상황에서 이 다섯 가지 원칙을 시험했다는 사실을 기억하라. 그 결과에는 종교 기관에서 진행한 리더십에 대한 여러 개의 연구가 포함되어 있다.[1] 학자들은 일반 단체든 종교 단체든, 이 다섯 가지 원칙이 리더십의 효율성과 구성원의 만족도 및 헌신과 밀접하게 관련되어 있음을 발견했다.

리더는 본을 보인다

"개인적으로 나는 한 가지 목표가 있다. 미국에 굶주린 사람이 있어서는 안 된다. 그것은 있어서는 안 되는 일이다. 굶주린 사람이 있다는 것은 죄다. 나는 그 문제를 해결하기 원한다. 그 문제를 해결하는 것이 나의 목표다"라고 켄 호른(Ken Horne) 목사는 말한다.

그는 계속해서 이렇게 말한다. "정의의 문제와 공정성의 문제는 언제나 나를 행동하게 만드는 힘이 있다. 누군가 일주일에 50-60시간을 일하는데도 먹고 살 수 없다면, 공정하지 않다. 그러한 일들은 정말로 나를 화나게 한다."

꾸밈없이 말하는 그의 말을 들으면 그가 몇 가지 핵심 가치에 큰 관심을 갖고 있다는 사실을 분명히 알게 된다. "당신이 가치 있는 일을 하기 원한다면, 그 일에 열정을 품어야 한다"고 그는 말한다.

1979년 켄 목사는 그 목표, 열정, 돌보는 마음을 갖고 레이 부캐넌(Ray Buchanan) 목사와 가족들과 함께 성 앤드류 협회(the Society of St. Andrew)를 만들었다. 성 앤드류 협회는 영적, 육체적 굶주림을 채우는 일에 힘쓰는 기독교 사역 단체다. 이 단체의 사명 선언문은 다음과 같다. "육신을 위해서는 빵을, 영혼을 위해서는 하나님의 말씀을, 마음을 위해서는 사랑의 공동체를, 활동하기를 원하는 자들에게는 기회를." 스스로 '리더가 아니라고' 겸손히 말하는 단체의 대표 켄 목사는 그럼에도 불구하고 20년 이상 식량 구호 프로그램을 통해서 매년 수많은 사람들에게 먹을 것을 공급해주었다.

성 앤드류 협회 사역은 켄이 처음부터 하려고 계획한 일이 아니었다. 켄과 레이는 둘 다 목회를 하고 있었다. 그러나 세월이 흐르면서 그들은 자신들이 설교하는 일로 부르심을 받지 않았다는 생각을 하기 시작했다. 2-3년 동안 진지하게 기도한 후, 켄과 레이는 그들이 가난한 자들을 섬기는 사역을 하도록 부름받았음을 깨달았다.

하지만 낮에는 전임 목사로 사역을 하다보니 버지니아의 가난하고 굶주린 자들을 제대로 도울 수 있는 시간이 모자랐다. 그래서 그들은 교단 리더에게 제안을 해서 6천여 평에 달하는 농장에 기독교 공동체를 만들었다. 그곳에서 소들을 방목하고, 교육 수련회 및 빈민 사역 워크숍 기금을 마련하기 위해 허드렛일을 했다. "우리는 매우 단순하고 검소하게 사는 꿈을 꾸었다"고 켄은 말했다.

특별히 상황이 안 좋을 때 성 앤드류 협회의 주요 사역인 감자 프로젝트가 태동했다. 어떻게 가난한 자들을 먹일지에 대해 수련회를 하면서, 켄은 미국에서 얼마나 많은 음식이 낭비되는지에 대해 한 감자 농장 주인과 공개 토론을 하게 되었다. 그는 미국인들이 모든 식물의 20-25퍼센트를 낭비한다고 주장했다. 결국 농장 주인은 자신이 수확한 감자의 4분의 1을 내다 버렸다고 고백했다. 야채 가게에 팔 수는 없지만 여전히 영양이 풍부한 음식이었다.

그 감자 농장 주인은 성 앤드류 협회가 음식 배급소와 식량 은행에 감자를 포장해서 배달해줄 수만 있다면, 시장에 내다팔 수 없는 감자를 기증하겠다고 약속했다. 켄은 그 제의를 받아들였고, 소문이 퍼져나갔다. 곧 다른 농장 주인들도 팔 수 없는 곡식들을 기증하기로 했다. 약 226톤에 달하는 물량이었다. 그와 동시에 성 앤드류 협회는 기증 식량을 선적할 수 있는 비용을 기부해줄 수 있는 사람을 찾는 공고문을 냈다. 오늘날 이 감자 프로젝트를 통해 매년 2만 톤이 넘는 감자가 가난한 사람들에게 전달되고 있다.

감자 프로젝트가 성공하면서 성 앤드류 협회는 두 번째 사역을 시작했다. 이삭 줍기였다. 전국에서 많은 근채 작물들이 낭비되고 있다면, 양배추, 토마토, 후추와 같은 곡식들도 낭비되고 있을 게 아닌가? 답은 분명했다. 그러나 땅을 파서 저장할 수 있는 감자와는 달리, 시장에 내보낼 수 없는 밭 곡식들은 그냥 밭에 버려진다. 그래서 성 앤드류 협회는 떨어진 이삭을 줍는 성경의 전통을 따라, 밭에 그냥 버려져 썩어져가는 곡식들을 모아들이는 일을 했다. 오늘날 성 앤드류 협회는 20개 주에서 곡식을 줍는 사역을 하고 있다. 그대로 방치하면 버려질 곡식을 줍는 자원봉사자들의 수만 해도 약 3천 명에 달한다.

세 번째 사역인 희망의 추수는 감자 프로젝트와 이삭 줍기 사역에서 자연스럽게 발전한 것이다. 희망의 추수는 한 주간 캠프에서 청소년들을 교육하고 훈련한다. 청소년들이 밭에 나가서 실제로 작업을 하기도 하고 가난한 자들을 돕는 사역에 대해 집중 훈련을 받기도 한다.

켄은 지난 25년간 굶주린 사람들을 위해 한 일들을 되돌아보면서 이렇게 말했다. "나는 하나님이 지금 이곳에서 일하신다고 생각한다. 그리고 여러 해 전에 일어난 일들은 내가 위대한 사역자는 아니라는 사실을 보여준다. 사실 난 그런 사람이 못 된다. 하지만 나는 이 일은 상당히 잘한다. 문제는 당신의 재능, 즉 당신이 잘하는 일을 활용하고 별로 잘하지 못하는 일에는 가능하면 손을 대지 않도록 하는 것이다."

켄은 자신의 재능과 가치를 가장 견실한 방식으로 사용한다. 그는 자신이 하지 않을 일을 다른 사람에게 하라고 결코 요구하지 않는다. 그는 두 팔을 걷어붙이고 굶주린 사람들을 먹이는 일에 앞장선다. "나는 말과 행동이 다른 사람들의 말에는 별로 감동을 받지 못한다. 그러므로 본보기를 보이면서 인도하는 것을 나는 대단히 중요하게 생각한다"라고 켄은 말한다.

켄 호른 목사로 인해 미국에서는 굶주리는 사람들이 줄고 있다. 그의 이야기는 한 개인이 무엇에 가치를 둘지 분명히 하고, 그 가치를 실천함으로써 어떻게 변화를 가져올 수 있는지 보여준다.

켄 목사는 본을 보이는 일을 몸소 실천한다. 모범적 리더들은 자신의 가치 기준을 명료하게 하고, 그 가치를 그들만의 스타일로 표현해낸다. 그러고나서 그 가치 기준을 실천함으로써 모범을 보인다.

당신의 가치관을 분명하게 말하라

연구 조사 결과 발견한 사실 중 한 가지는 켄 목사와 같은 모범적인 리더들은 신념에 대한 강한 믿음을 갖고 있다는 것이다. 사람들은 리더들이 가치관과 양심의 문제에 대해 언급해주기를 기대한다. 그러나 당신에게 중요한 것이 무엇인지 알지 못한다면 어떻게 발언을 할 수 있겠는가? 당신이 무엇에 관심이 있는지 알지 못한다면 어떻게 당신이 관심을 갖는 문제들을 보여줄 수 있겠는가? 사람들의 신뢰를 얻고 유지하려면, 자신의 가치관들을 명료하게 하고 그것을 자신의 스타일로 표현해낼 수 있어야 한다. 당신은 당신이 중요하게 여기는 가치를 입 밖에 내어 말함으로써, 리더가 되는 끝없는 여정의 첫걸음을 내딛는 것이다. 당신을 따르는 사람들에게 제시할 가치가 무엇인지 끊임없이 자문함으로써 당신은 언제나 리더의 위치를 지킬 수 있을 것이다.

리더들은 가치 및 그 동기를 분명히 하는 것이 얼마나 중요한지 이해한다. 때때로 그런 가치들을 발견하는 데는 시간이 걸린다. 켄의 경우 3년간 꾸준히 기도했다. 그는 오래전부터 공평과 정의를 믿었지만, 그것을 행동으로 옮기기 전에 마음의 소리에 귀를 기울여야 했다.

당신의 가치관을 입 밖에 내어 말하는 것은 중요하다. 그것이 인도자 역할을 하기 때문이다. 가치관을 명료하게 해야 우리 각자가 나아가야 할 방향을 분명히 알 수 있다. 명백하면 할수록 선택한 길을 계속 가기가 수월하다. 가치관은 당신이 무엇을 하고 무엇을 하지 말아야 할지, 언제 '예'라고 말하고 언제 '아니오'라고 말해야 할지 가르쳐준다. 또 왜 그런 결정을 내리는지 이해할 수 있도록 도와준다. 그것은 매일의 삶의 진로를 안내해주는 도덕적 나침반 역할을 해준다. 어렵고 불확실한 때에는 이 같은 인도가 특별히 필요하다. 당신을 정도에서 벗어나게 할 수 있는 도전에 날마다 부딪힐 때, 당신이 어디에 있는지 말해주는 표지판을 갖는 것은 매우 중요하다.

또 적절한 방법으로 당신이 중요하게 여기는 가치를 표현하는 것이 중요하다. 당신은 자신이 어떤 사람인지 독특한 방식으로 드러나도록 당신의 신념을 확실하게 전달해야 한다. 당신은 그것을 서정적이고도 날카롭게 해석하고 자신만의 특이한 방식으로 소개해서, 그 신념을 노래하는 것이 다른 사람이 아닌 당신임을 사람들이 알도록 해야 한다.

모범을 보이라

개인의 가치관을 분명히 하는 것은 다른 사람들에게 본을 보이는 데 꼭 필요하다. 하지만 리더들은 어떤 개인적인 또는 특이한 가치관을 대변하지 않는다. 만약 그렇다면 당신이 이끌어야 할 유일한 사람은 당신 자신일 것이다. 당신이 어떤 그룹 또는 기관을 이끌 때, 그 가치관은 '내가 믿는 것'에서 '우리가 믿는 것'으로 옮겨져야 한다.

아무리 원한다 해도, 위로부터 가치관을 강요할 수 있는 사람은 아무도 없다. 많은 리더들이 시도해봤으나 불평을 불러일으키거나 반역을 초래했다. 보통 후자가 더 많았다. 가치관은 강요될 수 없다. 가치관은 설득해야 한다. 개인적 가치관을 분명히 정하면 공동체가 공유하는 가치가 어디에 있는지 찾을 수가 있다. 굶주린 사람을 먹이는 일에 관심을 갖고 있었던 사람은 켄만이 아니었다. 그가 다른 사람들에게 그의 열정을 나눌 수 있었던 것은, 그 자신의 소명을 분명하게 듣고 난 후였다.

구성원들이 공유할 수 있는 가치를 발견하는 것은 생산적이고, 진정한 협력 관계를 구축하는 기초가 된다. 리더는 구성원들의 다양성을 존중하지만, 또한 그들의 공통 가치를 강조한다. 리더는 구성원들의 합의하에 일을 진행한다. 그러나 모두의 의견을 일치시키려고 노심초사하지는 않는다. 그런 목표는 비현실적이다. 아니, 거의 불가능하다.

연구 결과에 따르면 개인, 그룹 및 기관의 가치관이 조정될 때 엄청난 에너지가 발생한다. 구성원들이 그들의 일을 해야 할 이유를 확실히 할 때 헌신, 열정, 의욕이 강화된다. 각 사람은 자신들이 하고 있는 것에 대해 마음을 쓸 때 더 효과적이고 만족한다. 또한 스트레스와 긴장을 덜 경험한다. 공통의 가치는 구성원들로 하여금 독립적이면서 동시에 상호 의존적으로 행동하게 만드는 내적 나침반이다.

하지만 공통의 가치가 분명하고 우리가 동의할 때조차도, 그것은 여전히 말뿐이다. 성경에는 좋은 말이 가득하다. 성경 안에는 온갖 종류의 지혜가 담겨 있다. 그러나 그저 성경을 큰 소리로 읽는다고 해서 믿을 수 있는 리더가 되는 것은 아니다. 아무리 고상한 말이라도, 그것으로는 충분하지 못하다. 리더가 다른 사람들을 동원하기 위해 할 수 있는 가장 강력한 일은 공통의 가치를 개인적 행동으로 구현함으로 모범을 보이는 것이다. 리더들은 언행이 얼마나 일치되는가에 의해 평가받는다. 곧 말한 것을 실천하는 것에 의해 평가받는 것이다. 리더들은 특별한 일들이 이루어지는 과정에 함께하고, 주의를 기울이며, 직접 참여한다. 리더들은 기회가 있을 때마다 자신들이 옳다고 믿는 가치와 열망에 헌신하고 있다는 것을 다른 사람들에게 보여주려고 애쓴다. 리더가 본을 보이는 것은 비전과 가치를 구체화시킨다. 그것으로 그들이 개인적으로 헌신되어 있고, 유능하다는 증거를 제시해준다.

리더는 그들이 내리는 모든 결정과 그들이 취하는 모든 행동과 방식에서 조직의 의미를 규정한다. 리더는 직원 모임, 일대일 협의, 전화 통화, 이메일, 설교, 교인들 및 지역사회 심방 등 다양한 상황에서 공통의 가치관에 생기를 불어넣어준다.

당신의 시간을 어떻게 사용하는가 하는 것은 당신을 포함한 다른 사람들에게 당신에게 무엇이 가장 중요한지를 보여주는 표지다. 위기의 사건들, 특별히 스트레스와 도전이 닥칠 때, 리더와 구성원들에게는 중요한 학습의 기회가 된다. 위기의 사건들은 보통 어떤 것을 귀중하게 여기고 어떤 것을 귀중하게 여기지 말아야 하는지에 대한, 그리고 어떻게 행동하고 어떻게 행동하지 말아야 하는지에 대한 도덕 교훈을 가장 극적으로 얻을 수 있는 때다.

그래서 릴라스 브라운(Lillas Brown)이 말한 이 간단한 과정을 시도해보는 것도 좋을 것이다. 우리가 릴라스와 인터뷰했을 때, 그녀는 서스캐처원(Saskatchewan) 대학 연장 교육부의 사업 및 리더십 프로그램 책임자로 있었다. 릴라스는 믿음이 좋고 자신이 무엇을 귀중하게 여기는지 분명하게 아는 사람이었다. 릴라스는 자신의 가치에 충실하기 위해 매일 하루를 끝내고 일기를 쓴다. "나는 일기를 쓰면서 내 안에 있는 작고 조용한 음성과 대화를 나눕니다. 매일 저녁 '오늘 나는 중요한 가치를 보여주기 위해 어떤 일을 했는가? 오늘 나는 나의 가치관과 반하는 행동을 했는가? 나의 가치관을 보다 충분히 보여주기 위해서는 어떤 일을 해야 하는가?' 하고 물어봅니다." 릴라스는 날마다 자신의 가치를 명확히 하고 재선언함으로써 다른 사람들에게 기여하기 위해 더 굳게 결의한다. 당신도 그럴 수 있다.

리더는 공통의 비전을 강화한다

존 세이지(John Sage)와 크리스 던리(Chris Dearnley)는 1987년 하버드 경영학 대학원에 들어간 첫 주에 기독학생회 바비큐 파티에서 만났다. 신입생이었던 그들은 둘 다 꿔다놓은 보릿자루 같은 느낌을 받고 있었기 때문에 좋은 친구가 되었다. 그들은 또한 기도 파트너가 되었다. 매일 아침 수업 시작 전에 존과 크리스는 캠퍼스의 한 작은 커피숍에서 만나 15분간 기도했다.

그때 그들은 주린 자를 먹이는 일이나 병든 자를 고치는 일 같은 숭고한 기도를 드리지는 않았다. 존이 말하는 것처럼, 그들의 기도는 "주님, 대학에서의 첫해를 무사히 넘기게 해주시옵소서"였다. 그들은 그 첫해를 잘 넘기고 졸업을 했을 뿐 아니라, 지금은 하버드 경영대학원에서 대학원생들에게 자신들의 사업 사례를 제시해 분석하게 한다.

하지만 그들이 처음 만났을 때 이런 일은 상상할 수 없었다. 그들은 자신들이 평생지기가 될 것임을 알고 있었지만, 후에 같이 사업을 하게 될 줄은 꿈에도 몰랐다. 그들이 하버드를 졸업한 후, 존은 마이크로소프트사의 하이테크 마케팅부에서 일했다. 그 다음에 마이크로소프트사 설립자 가운데 한 명인 폴 앨런(Paul Allen)과 함께 새로운 일을 시작했으며, 그 다음에는 스타벅스에서 얼마 동안 일을 했다. 크리스는 처음에는 자문역을 시작했으나, 사역으로 부르심을 느껴 코스타리카 산호세에서 가난한 어린이들을 섬기는 선교를 시작했다.

존과 크리스는 하버드에서 쌓았던 긴밀한 우정 때문에, 오랜 세월 동안 이메일과 전화로 연락을 했고, 1년에 한 번씩은 만나며 지냈다. 그러던 어느 해에 그들이 꿈꾸던 회사가 모습을 드러냈다. 그들은 함께 앉아 그들의 삶과 미래에 대해 이야기를 나누고 있었다. 존은 자신의 일에 대해 이야기했고, 크리스는 코스타리카에서의 사역에 대해 이야기하고 있었다. 크리스는 선교 기금이 언제나 불확실한 상태였지만, 존은 크리스가 그의 사역과 전도 사업에 대해 갖고 있는 열정에 감명을 받았다. 그것은 승승장구하고 있던 그의 삶과는 대조적이었다.

대화를 나누던 중 크리스는 코스타리카의 커피를 꺼내 존에게 건넸다. 스타벅스에서 일하던 존은 커피에 대해 잘 알고 있었다. 그는 크리스를 바라보면서 얼마에 샀느냐고 물었다. 크리스는 선물이 얼마짜리냐고 묻는 존을 보면서 뜨아한 표정을 지었다. 하지만 그들은 절친한 친구였기에, 약 4달러 정도 주었다고 가르쳐주었다.

존은 커피 봉지를 보고, 크리스를 쳐다보더니 말했다. "미국에선 이 정도 커피면 12달러는 줘야 살 수 있어. 크리스, 우리가 회사를 만들어 코스타리카에서 가져온 커피를 거래하고, 커피 판매에서 남은 이윤을 자네가 하는 어린이 사역에 후원하면 어떨까? 아마 자네가 현재 필요한 비용을 댈 수 있을 뿐 아니라, 기금을 모아 더 많은 일을 추진해나가는 데 도움이 될 수 있을 거야."

그 소리를 듣자마자, 크리스가 말했다. "와! 그걸 푸라 비다(Pura Vida) 커피라고 부르면 되겠네. '푸라 비다'란 스페인어로 '순전한 생명'이란 뜻이고, 코스타리카에서는 '멋지다' '대단하다' '굉장하다'라는 의미로 일상 회화에서 잘 쓰는 말이거든." 그것은 또한 아이들에 대해 갖고 있던 그들의 비전도 잘 나타내주는 말이었다. 궁핍한 어린이들에게 순전한 생명을 심어주겠다는 비전이었다. 그들은 밤을 새워가며 미래에 대해 구상했다.

다음 날 아침, 크리스는 존을 배웅하기 위해 공항으로 갔다. 존은 정말로 흥분되어 있었다. 그는 새로이 무언가 할 일을 찾고 있었으며, 언제나 자신의 사업을 사역 및 자선 사업과 통합시키는 일에 관심을 갖고 있었다. 그는 여기저기 전화를 걸어 사업을 시작하려면 무엇을 어떻게 해야 하는지 알아볼 준비를 마쳤다. 하지만 존이 비행기를 타기 전에 그들이 주차장에 앉아 있을 때, 크리스는 앞으로 30일간 그들이 시작하려는 사업에 대해 기도하는 것 외에 다른 일은 아무것도 하지 말자고 제안했다. 그것은 존의 기질과는 완전히 반대되는 것이었다. 하지만 그는 동의했다. 새로운 사업을 위한 모든 행동을 뒤로 미룬 채 그들은 한 달 동안 신실하게 기도했다.

"기도 외에 아무것도 하지 않은 그 한 달 동안에 하나님은 놀라운 방식으로 자신을 보여주셨으며, 우리에게 방향을 제시하고 확인시켜주셨습니다." 존의 말이다. 그렇게 푸라 비다가 시작되었다. 존은 CEO로서 이제 시애틀에서 사업에 관한 일을 처리했고, 크리스는 코스타리카에 있는 푸라 비다 파트너 사역을 감독했다.

그동안에 회사는 미국 50개 주 전역에 있는 소비자에게 한 달에 6-8톤의 커피를 제공하는 사업체로 성장했다. 푸라 비다는 4년간 매달 판매량이 두 배 이상 성장했다. 성장 둔화의 조짐은 없었다. 또한 그들은 그늘 농법을 사용하여 유기농으로 재배한 커피를 공정하게 거래함으로 사회 정의와 환경적 청지기직도 실현했다. 그리고 실제로 푸라 비다 파트너 사역을 통해 얻은 순수익은 100퍼센트 크리스가 코스타리카에서 인도하는 프로그램에 기금으로 보내졌다.

이것이 바로 강력한 비전의 힘이다. 그러나 크리스가 아이들을 돌보는 동안 존이 시애틀에서 사업을 키울 수 있도록 해준 것은 단지 비전만이 아니었다. 그것은 비전이 어떻게 사람들 안에 있는 더 깊은 무언가를 건드리는가 하는 것이다. 존이 최고 재정 임원 그렉 포사이스(Greg Forsythe)를 고용한 이야기를 생각해보라. 그렉은 IBM에서 일한 경험이 있는 숙련된 임원이었으며, 커피 업계에서 10년간 일했었다. 그는 푸라 비다 재정 임원으로 더할 나위 없는 적임자였다.

존과 그렉은 뜻이 잘 맞았고, 둘 다 깊은 신앙심을 갖고 있었다. 또한 그렉은 커피 사업에 대해 전문가였으며, 회사 내의 젊은이들에게 멘토 역할을 해줄 수 있는 성숙한 임원이었다. 단 한 가지 문제는 그렉이 재정면에서 그들과는 너무 차이가 났다는 것이다. 그는 휴스톤의 지피 루브(Jiffy Lube) 사에서 수십만 불의 연봉을 제안받은 상태였다. 존은 아무리 해도 그 정도의 연봉을 줄 수는 없었다. 그래서 푸라 비다는 그렉을 놓칠 상황이었다.

존은 집을 구하기 위해 휴스턴행 비행기를 타러 가는 그렉을 공항으로 태워다주었다. 그리고 길가에 차를 대고 그렉이 막 차에서 내리려는 순간, 존이 그렉에게 몸을 돌리며 말했다. "지피 루브 슬로건만 기억해보게." 그렉은 약간 어리둥절해서 그를 쳐다보았다. 존은 계속해서 말했다. "그들의 텔레비전 광고를 본 적이 있네. 그들의 표어는 '우리는 세상을 바꾸고 싶지 않습니다. 그저 당신의 기름만 바꾸고 싶을 뿐입니다'라는 것이었다네." 존은 그렉에게 행운을 빌어주었고, 그는 떠났다.

그렉은 휴스턴에 가서 지피 루브의 제의를 거절하고 돌아와서는 쥐꼬리만 한 월급을 받고 푸라 비다 커피의 임원직을 수락했다. 그에게 정말로 중요한 것은 돈이 아니었다. 문제는 '얼마나 의미가 있는가?' 하는 것이었다. 존은 단지 의미가 얼마나 중요한지를 대단히 인상적인 방식으로 전달했을 뿐이다.

존과 크리스 같은 리더는 그들이 변화를 이룰 수 있다고 열렬히 믿는다. 그들은 무언가 일어나기를, 현재 상황을 바꿀 수 있기를, 이전에 전혀 존재한 적이 없는 무언가를 만들어내기를 바라는 마음을 가지고 있다. 그들은 어떤 프로젝트든 시작하기도 전부터, 결과가 어떤 모습일지 감을 잡고 있다. 그들은 조직이 어떻게 변화될 수 있는지 분명히 머릿속에 그리면서 일을 한다. 리더들은 공통의 비전을 고취한다. 그들은 미래를 마음속에 그리며, 다른 사람들을 공통의 비전에 참여시킨다.

미래를 마음속에 그리라

리더들은 흥미진진하고 고상한 가능성들을 상상함으로 미래를 그려본다. 비전은 내일이 어떤 모습일지 머릿속으로 그려보는 것이다. 그것은 우리가 가진 최고의 기준과 가치관을 표현한다. 그것은 우리를 구별해주고 우리가 특별한 존재인 것처럼 느끼게 해준다. 그것은 오랜 기간에 걸쳐, 우리가 미래에 집중하게 한다. 비전은 인간의 에너지에 초점을 맞춘다. 이러한 비전이 소수의 사람들에게만 매력적으로 다가가는 것을 넘어서려면, 이해관계를 가진 모든 사람들에게 호소할 수 있어야 한다.

어떤 용어를 사용하든 – 비전이든, 목적, 사명, 유산, 꿈, 부르심, 혹은 개인적 의제든 – 의도는 같다. 리더들이 무언가 중대한 일을 하기 원한다는 것, 다른 어느 누구도 아직 이루지 못한 무언가를 이루고자 한다는 것이다. 그리고 그 무엇 – 의미와 목적에 대한 의식 – 은 내부로부터 흘러나와야 한다. 푸라 비다 커피의 비전은, 비전이 어떻게 리더에게서 나오는가를 분명히 보여주는 예다. 그들의 이야기는 다소 색다른 방식으로 직관과 통찰을 보여주지만, 비전이 밖에서 안으로 들어오는 것이 아니라, 어떻게 안에서 밖으로 흘러나오는지 보여준다.

하지만 단지 비전이 중요하다는 것을 안다고 해서 그 비전들이 밝은 전구불처럼 당신의 머리에서 툭 튀어나오는 것은 아니다. 얼핏 보면 존과 크리스의 경우가 그렇게 보일 수도 있다. 하지만 다시 한 번 보라. 푸라 비다 커피에 대한 그들의 비전은 그들이 우정을 쌓은 지 10년 후에 나타났다. 그들이 비전을 공유하게 된 것은 해마다 한 번씩 여러 해 동안 만남이 반복된 후의 일이었다. 그것은 주말 워크숍에서 우연히 나타난 어떤 것이 아니다.

사람들에게 비전이 어디에서 왔는지 말해달라고 할 때, 그들은 종종 그 과정에 대해 설명하는 것을 대단히 어려워한다. 그리고 대답을 한다 해도 일반적으로 느낌, 감각, 본능적 반응 혹은 육감에 관한 것이다. 사람들은 처음 리더 역할을 맡을 때 종종 미래에 대한 분명한 비전을 갖고 있지 않다.

처음에 리더들이 가지고 있는 것은 주제다. 그들은 관심사, 욕구, 가정, 전체, 논증, 소망, 꿈 등을 갖고 있다. 그러한 것들은 자신들의 열망과 행동을 조직하는 핵심 개념이다. 리더들은 그들의 주제를 발견함으로 미래를 구상하는 과정을 시작한다. 비전을 발견하는 것은 생각을 소리 내 말하는 것과 마찬가지로, 자기 탐구와 자기 창조의 과정이다. 그것은 직관적이고, 정서적인 과정이다. 거기에는 아무런 논리가 없다.

다른 사람들을 참여시키라

하지만 미래에 대한 비전을 갖는 것만으로는 충분하지 않다. 다른 사람들이 그 미래에서 그들 자신을 볼 수 있어야 한다. 당신은 당신의 비전을 다른 사람들에게 강요할 수 없다. 미래에 대한 비전은 당신뿐 아니라, 그들에게도 의미가 있는 어떤 것이어야 한다. 리더는 공유된 열망에 호소함으로 공통 비전에 다른 사람들을 참여시킨다. 그들은 비전에 생명을 불어넣는다. 그들은 소망과 꿈을 전달하며, 다른 사람들이 그것을 자신의 것으로 분명하게 이해하고 채택하게 한다.

모든 사람 안에는 변화를 이루고자 하는 깊은 열망이 있다. 우리는 이 세상에서 무언가를 했다는 것을, 우리의 존재에는 어떤 목적이 있다는 것을 알고 싶어 한다. 일은 그 목적을 제공할 수 있다. 그리고 점차 더, 사람들은 일에서 그것을 추구한다. 일은 사람들이 의미와 정체성을 추구하는 것이 되었다.

모범적인 크리스천 리더들은 사람들이 하는 일의 의미와 중요성을 전달함으로, 이러한 인간적 열망을 방출할 수 있게 한다. 그들이 그것을 창조해내는 데 중요한 역할을 한다는 것을 이해하도록 하는 것이다. 리더들이 공통의 비전을 분명하게 전달할 때, 그 비전을 위해 일하는 사람들을 품위 있게 만들어준다. 그것은 사람들의 사기를 북돋아준다.

리더들은 무엇이 구성원들의 동기를 유발시키는지 알고 있다. 그들은 비전이 어떻게 구성원들의 필요를 채우고, 공동의 유익에 기여할 수 있는지 보여줌으로써, 통합된 목적을 밀고 나간다. 리더는 사람들이 추구하고 있는 더 깊은 의미와 목적을 느끼기 위해, 귀를 기울여야 한다. 단지 귀로만 듣는 것이 아니라, 눈과 마음으로 들어야 한다. 어떤 의미에서 리더는 거울을 들고 사람들이 가장 바라는 것을 그들에게 반사해주어야 한다.

구성원들은 또한 열심을 갖고, 활동적이며, 긍정적인 리더를 원한다. 우리는 '할 수 있다'는 긍정적 태도를 갖고 있는 사람을 따른다. 어떤 것을 왜 할 수 없는지에 대해 스물다섯 가지 이유를 대거나, 우리 자신이나 우리가 하고 있는 일에 대해 냉소적인 사람들을 따르지는 않는 것이다.

열심은 전염성이 있다. 그리고 사람들은 그러한 긍정적 에너지를 포착하기 원한다. 에너지와 열심은 우리가 활기를 돋우는 여행에 참여하게 되리라는 것을 시사한다. 활력을 경험하지 못한다면 사람들은 별로 길게 갈등하지 않을 것이다. 리더는 구성원들에게 소망과 열망을 불어넣어야 한다.

리더는 변화의 과정에 도전한다

베티 스탠리 빈(Betty Stanley Beene)이 미국 유나이티드 웨이(United Way of America) 회장이자 CEO가 되었을 때, 그녀 사무실에 들어간 직원들의 눈에 첫 번째로 들어온 것은 책상 위의 커다란 크레용 그릇이었다. 당연히, 모든 직원들은 영향력 있는 자선 단체의 전국적 리더인 그녀의 손 끝에 그리고 자신들의 손 끝에 왜 크레용을 묻혀야 하는지 의아하게 생각했다.

베티는 이렇게 설명했다. "나는 그들에게 어른들이 색칠을 할 때는 어렸을 때와는 매우 다르게 색칠한다고 말하곤 하지요. 우리는 더 창의적으로 색칠합니다. 우리는 심지어 선 밖으로도 색칠할 수 있습니다. 크레용은 유나이티드 웨이를 부활시키는 데 필요한 극적 변화를 이루기 위해 우리 모두에게 요구되는 창의성을 상기시킵니다."

창의적 변화라는 메시지는 베티에게 중대한 것이었다. 그녀는 전임자 윌리엄 아라모니(William Aramony)의 실수와 무절제로 여전히 조직이 비틀거리고 있을 때 유나이티드 웨이의 고삐를 잡았기 때문이다. 윌리엄은 그 단체의 기금을 유용해 사기 혐의로 유죄를 선고받았다.

베티는 직원들에게 선을 넘어갈 수 있는 자유를 줌으로써, 그들에게나 그녀에게나 유나이티드 웨이의 환경이 평상시와 다르리라는 신호를 보내고 있었다. 그녀는 여전히 불안정하며 미래도 불투명한 조직의 문화를 변화시키고 간소화하기 위한 변화들을 이루면서, 생애 가장 힘든 전투에 직면해 있었다.

베티는 자신이 기꺼이 하지 않으려는 일을 절대 직원들에게 요구하지 않았다. 그녀는 일찍이 '불도저식'으로 일하면서 많은 성과를 낸 경험이 있었다. 휴스턴의 유나이티드 웨이 리더일 때, 그녀는 쉼터에 머물기 싫어하는 한 노숙자 여인과 함께 쉼터에서 밤을 지냈다. 또한 몇 개 교단의 고위 성직자들을 설득해 밤새 함께 현장 답사를 하면서 노숙자들이 무엇을 경험하는지 보여주기도 했다. 워싱턴에서는 직원들과 함께 가난한 사람들에게 줄 꾸러미를 만드는 일 등을 하느라 늘 밤늦게까지 열심히 일했다.

베티가 보기에 어떤 조직에서든 의사 결정에 있어 불변의 핵심 규칙은 '햇빛 테스트'였다. 그것은 아라모니의 몰락과 같은 상황을 피하도록, 모든 것을 낱낱이 드러내는 것이다. "대낮에 보았을 때 좋아 보이지 않는다면, 그 일을 하지 말라"고 그녀는 유나이티드 웨이 리더들에게 말했다.

"신문 앞면에 기사가 실렸을 때 기분이 좋지 않을 일이라면 하지 말라." 베티가 생각하기에 사람들이 그녀의 통합성에 의문을 갖는다면 절대 변화를 이룰 수 없었다.

베티는 유나이티드 웨이 전국 회장이자 CEO라는 새로운 직위를 맡았을 때도, 이런 개방적인 노선을 고수했다. 그녀는 처음 열세 달 동안 전국을 돌면서 각 주 유나이티드 웨이 리더들을 방문하여 그들의 성공과 도전과 기회들에 대해 직접 보고 들었다. 그녀가 그 이야기들을 들으며 깨달은 것은 유나이티드 웨이에 필요한 광범위한 변화를 이루려면, '많은 유리를 깨야' 한다는 것이다. 즉 낡고 비효율적인 일처리 방식을 타파해야 한다는 그녀의 생각을 확증해주었다. 유나이티드 웨이를 투명하고 적절한 조직으로 변혁시키기 위해서였다. 그러나 많은 유리를 깰 때, 사람들은 특정 유리가 깨지는 것은 별로 내켜하지 않을 수 있다.

변화는 전국 본부와 1,400개에 달하는 지역 유나이티드 웨이 대부분의 지부에서 순조롭게 이행되었다. 하지만 중대한 변화가 일어날 때 늘 그렇듯, 모든 지부에서 상황이 다 유쾌하게 돌아가지는 않았다. 가장 큰 몇몇 유나이티드 웨이 지부에서는 새로운 CEO가 공개적으로 공표한 계획에 의문을 제기했다. 대부분의 임원들은 베티가 그 단체에 몰고온 신선한 바람과 밝은 빛을 환영했지만, 말 많고 힘 있는 소수 집단은 그녀가 말하는 변화가 그들의 일자리까지는 아니라도 지역 운영에 대한 개인적 통제권을 위협할 수 있다는 것을 곧 발견했다. 그녀는 모든 것을 다 공개하고 일했음에도, 비판하는 사람들은 그녀가 단체의 힘을 워싱턴 본부로 집중하고, 각 지부의 일부 자율권을 박탈하기 위해 막후에서 손을 쓰고 있다고 비난했다.

그럼에도 베티는 그 일을 하기로 결심했을 때 예상했던 위험이었기에 계속 감수하며 나아갔다. 그녀는 그런 변화를 이루려면 불가피하게 자기 자리를 잃게 되리라는 것을 알고 있었던 것이다. "선을 그어놓고 사람들에게 당신 편에 서든지 반대 편에 서라고 요청해야 할 때, 그때가 바로 떠날 때입니다"라고 그녀는 말했다. 그리고 마침내, 그녀와 의견을 달리하는 큰 지부들이 전국 조직에 상회비를 내지 않고 반발했으며, 회장과 CEO로서 베티의 임기 5년째 그녀가 사임하면서 끝을 맺었다.

임기는 갑자기 끝났지만, 베티는 실패하지 않았다. 혁신적 전략이 성공을 거두었기 때문에, 베티는 자신이 부르심의 목적을 수행했다는 것을 알고 2002년 미국 유나이티드 웨이를 떠날 수 있었다. 그녀가 이룬 가장 흡족한 일은 유나이티드 웨이라는 단체를 훨씬 넘어서는 것이었다. 베티는 211번이라는 전화번호를 건강 및 사회복지 서비스 핫라인으로 사용하게 해달라고 오랫동안 열심히 청원을 냈다. 조직적인 노력과 창의적이고 결단력 있는 유나이티드 웨이 직원들의 도움을 힘입어, 그녀는 마침내 성공을 거두었다. 그 제도는 현재 스물네 개의 주요 도시에서 시행되고 있다.

베티는 말한다. "나는 하나님이 이 일로 나를 부르셨다는 것을 확고하게 믿었습니다. 떠날 때도, 나는 하나님이 나를 떠나도록 부르셨다는 것을 분명하게 느꼈습니다. 믿음은 당신의 일이 당신의 것이 아니라는 사실을 이해하도록 도와줍니다. 하나님이 그 모든 것의 책임자시며, 그분을 신뢰하면 그분은 놀라운 일, 당신이 언감생심 꿈도 꾸지 못했던 일들을 할 수 있도록 도와주실 것입니다." 사람들이 자신의 일을 하나님의 부르심으로 여길 때, 힘들 때도 견딜 수 있는 끈기를 가질 수 있다고 그녀는 말한다.

"믿음이 없었더라면, 난 정말 견뎌내지 못했을 겁니다. 나는 인신공격적이고 추한 비판을 받았던 가장 힘든 순간에도, 나 혼자 일하고 있다고 느낀 적은 한 번도 없었습니다. 나는 오래전에 배운 예수님의 기도를 계속 반복해서 드렸습니다. '주여, 긍휼을 베푸소서. 속히 와서 나를 도우소서.' 그분은 언제나 그렇게 해주셨습니다."

지금은 워싱턴 디씨 웨슬리 신학대학원 방문 교수로 있는 베티는 또한 교회에서 장년 주일학교를 인도하며, 홈리스 종식을 위한 전국 연맹 위원의 임원이자 전략적 국제 연구 센터라는 워싱턴 싱크탱크 임원으로 섬기고 있다. 그것은 언제나 일반적인 업무 수행 방식에 의문을 표해온 그녀에게 적절한 지위다.

베티의 이야기는 변화를 추구하는 것이 리더의 일임을 분명하게 보여준다. 리더가 역사를 바꿀 필요는 없다. 하지만 그들은 '언제나처럼' 변화해야 한다. 리더에게 현상 유지란 받아들일 수 없는 것이다. 리더는 변화의 과정에 도전한다. 그들은 기회를 찾으며, 실험을 하고 모험을 감수한다. 모범적인 리더는 또한 더 고귀한 목적을 위해 기꺼이 어느 정도 개인적인 희생을 감수해야 한다.

기회를 찾으라

모범적인 리더는 변화하고, 성장하며, 개선되기 위한 혁신적 방법들을 추구함으로 기회를 찾는다. 그들은 집단이 잘못된 안정감을 느끼도록 속이는 것이 있는지 언제나 경계를 늦추지 않으며, 끊임없이 변화를 일으킬 수 있는 새로운 주도권을 만들어낸다. 리더는 판에 박힌 일보다는 시험해보지 않고 시도해보지 않은 것에 훨씬 더 주의를 집중해야 한다. 리더는 언제나 "새로운 건 뭐지? 다음은 뭐지? 더 나은 건 뭐지?"라고 묻는다. 거기에 바로 미래가 있다. 미국 유나이티드 웨이의 미래를 위해, 베티는 자신이 새로운 방식을 반드시 찾아야 한다는 것을 알고 있었다.

리더가 되는 사람들이 언제나 먼저 도전할 기회를 찾고 그것을 추구하는 것은 아니다. 때로는 그러한 기회가 리더들에게 찾아온다. 하지만 당신이 도전을 발견하는지 도전이 당신을 찾아오는지는 그리 중요하지 않다. 중요한 것은 당신의 선택이다. 리더는 주도권을 잡아야 한다.

주도권을 잡는 것은 지위와는 전혀 상관이 없다. 그것은 태도와 행동에 대한 문제다. 혁신과 탁월함은 지위 고하를 막론하고 맡겨진 일을 숙달한 사람이 도출하는 결과다. 베티가 유나이티드 웨이에서 나누어주었던 크레용과 도화지를 생각해보라. 그것은 회의용 탁자, 점심 식탁 그리고 전국 본부 건물의 평평한 곳이면 거의 어디에서나 나타나기 시작했다. 리더가 이렇게 할 때 모든 사람이 혁신과 지속적인 개선을 위해 무언가 할 수 있다고 믿게 되는 것은 놀라운 일이 아니다. "일단 한번 해봐!(Just do it!)"라는 광고 문안이 삶에서 실현되도록 하는 것은 리더의 책임이다. 베티는 직원들에게 혁신적이고도 탐구적이 되도록 자유를 주었다. '우리는 언제나 그 일을 이런 방식으로 했다'는 말은 앞으로도 계속 그렇게 하라는 것이 아니라, 있는 그대로의 진술일 뿐이라는 사실을 종종 상기시켰다. 그리고 분기마다 '총력 모임'을 했다. 이때 어떤 직원이든 제재받을지 모른다는 두려움 없이, 앞으로 나아가야 할 회사의 방향이나 그녀의 경영 방침에 대해 질문을 하고 그 자리에서 대답을 듣는다.

리더들은 사람들이 이전에 했던 일의 수준을 뛰어넘을 기회를 제공한다. 그들은 보통 가로대를 더 높게 설치한다. 그리고 최고의 리더들은 사람들이 성공할 수 있다고 느끼는 높이에 가로대를 설치하는 것이 얼마나 중요한지 안다. 너무 높게 설치하면 실패할 것이다. 너무 자주 실패하면 더 이상 시도하려 하지 않을 것이다. 가로대를 한 번에 조금씩 올리라. 그러면 마침내 점점 더 사람들이 그 일과 상황에 숙달될 것이다.

모범적 리더들은 개선과 혁신이 어디에서든 올 수 있음을 인식한다. 연구에 따르면 소비자들과 최전선에서 일하는 직원들이 조직 내 개선에 필요한 대부분의 아이디어들을 낸다. 베티의 크레용은 창의성에 대한 요청을 상징했다. 그리고 다른 사람들은 그 요청을 들었다. 믿기 어려울지 모르지만, 지역 교회를 개선하는 최고의 아이디어는 교인들에게서 나온다. 따라서, 리더들은 주위에서 무슨 일이 일어나고 있는지 적극적으로 바라보고 귀를 기울여 시야에 새로 잡히는 아주 희미한 표시나 가장 약한 징후라도 들어야 한다. 이 말은 리더들이 외부 관찰력을 사용해야 한다는 의미다. 그들은 주변의 실상에 대해 늘 민감해야 한다.

그러면 리더들과 그 구성원들이 새롭고 혁신적인 업무 방식을 추구하도록 자극하는 것은 무엇인가? 업계에서는 흔히 '보상이 있으면 일은 된다'고들 한다. 최선을 다하도록 사람들을 자극하는 것이 막대한 급여, 스톡 옵션, 풍성한 부수입 등이라는 것은 거의 아무 생각 없이 받아들여진다. 이런 것들이 사람들을 뛰어나게 만든다는 증거는 거의 없는데도 말이다. 사람들이 끝에 가서 받는 가시적인 상 때문에 비범한 일들을 한다는 것은 전혀 사실이 아니다.

외부의 비본질적 동기만 갖고는 왜 우리가 인터뷰한 크리스천 리더들이 그런 일을 하는지 설명해줄 수가 없다. 사람들이 가난하고 궁핍한 사람들을 돌보는 것은 거액의 돈을 받기 때문이 아니다. 사람들은 스톡 옵션을 받기 때문에 자원하여 저소득 가구들을 위해 집을 짓거나 병든 사람들을 고쳐주려 하는 것이 아니다. 보너스를 받기 위해 사람들을 존엄하게 대하거나 존경하는 것이 아니다. 남을 돌보도록 하기 위해 돈을 지불할 수는 없다. 일이 되도록 하는 것은 보수 때문이 아니라 그것이 보람 있는 일이기 때문이다! 베티가 자신의 일을 직업이 아니라 부르심으로 보았던 것 그리고 그녀의 믿음이 스트레스가 심한 상황에서도 그녀를 지탱해 주었던 것을 기억하라.

사람들은 의미와 목적에 대한 강력한 의식 때문에, 힘든 시기 – 아침에 일어나거나 한 걸음 더 걷거나, 설교를 한 편 더 하거나, 강의를 하나 더 하거나, 빈민가의 집을 새로 한 채 더 꾸미거나, 또 한 번 기도회에 참석하거나, 또 한 번 기금 모금 운동을 벌이거나, 또 한 번 이사회를 열 수조차 없다고 느끼는 때 – 를 견뎌낸다. 삶의 도전과 불확실함에 맞서는 동기는 내부로부터 온다. 그것은 일 자체가 보람 있다는 것을 발견할 때 온다. 그것은 그 일이 직업이 아니라 부르심처럼 느껴질 때 온다.

실험과 모험을 하라

혁신은 위험한 것이다. 베티에게 물어보라. 새 프로그램과 프로젝트들은 처음에는 가설이며 탐구다. 확실한 것이 아니다. 모범적 리더들은 실험을 하고, 모험을 하며, 수반되는 실수로부터 배운다. 그들은 다른 사람들이 무사안일주의로 나가기보다 미지의 것으로 모험을 하도록 격려한다.

그것은 뭔가 말이 안 되는 듯이 보일 수도 있을 것이다. 하지만 사람들이 실패할 기회를 가질 때 일의 전반적인 특질이 개선된다. 아무리 노력해도, '학습 곡선'은 직선이 아니다. 새로운 게임이나 스포츠를 배우려

했을 때를 생각해보라. 첫날부터 그것을 제대로 할 수 있었는가? 아마 아닐 것이다. 불확실함, 모험, 실패는 혁신과 중대한 개선 그리고 궁극적으로는 학습을 위해 치러야 하는 대가의 일부다.

그렇다면 혁신에 수반되는 불가피한 실패들은 어떻게 다루어야 하는가? 리더가 할 수 있는 가장 생산적인 학습 풍토를 만드는 것이다. 생산적인 학습 풍토는 리더가 실패를 벌하거나, 실수에 대해 비난하거나, 모든 것을 통제하는 수많은 규칙들을 정하지 않을 때 만들어진다. 대신에 그들은 "그 경험에서 무엇을 배울 수 있는가?"라고 묻는다.

우리는 변화로 인해 많은 스트레스를 받고 우리가 개인적으로 경험한 최고의 리더십은 하나하나가 어렵고 벅찬 프로젝트였다는 것을 안다. 하지만 그 각각은 또한 열심과 기쁨을 가져다주었다. 어떻게 그럴 수가 있는가? 어떻게 같은 일이 스트레스가 되면서 한편으로는 즐거운 일이 될 수 있을까? 그것은 우리를 병들게 하는 것은 스트레스가 아니기 때문이다. 우리를 병들게 하는 것은 스트레스가 많은 일에 대한 우리의 반응 방식이다. 강건한 태도를 갖고 있는 사람들은 인생의 변화, 모험, 혼란, 긴장 등에 잘 대처해나간다. 그들은 긍정적이건 부정적이건 스트레스가 많은 사건을 만날 때, 그 사건을 매력적인 것으로 여긴다. 그들은 자신들이 결과에 영향을 미칠 수 있다고 느낀다. 그리고 그것을 발전의 기회로 본다. 모범적 리더들은 사람들 속에 이러한 심리학적 강건함을 증진할 수 있는 방법을 찾는다. 베티가 적절한 예다. 그녀는 도전이 주는 스트레스가 우리를 위압하고 쇠약하게 만드는 것이라고 생각하지 않았다. 그 대신 그녀는 그것을 포용하고, 사실상 그것으로부터 에너지를 얻었으며, 스트레스가 그녀의 삶에 지속적으로 긍정적인 기여를 하도록 만들었다.

변화의 과정에 대한 도전에는 또 하나의 역설이 있다. 꿈은 웅대해야 한다. 하지만 그 꿈을 성취하는 과정은 작은 행동의 연속이어야 한다. 우리는 산꼭대기에 올라가야 한다는 것을 안다. 하지만 우리는 또한 단 한 번의 큰 걸음으로 산꼭대기에 도달할 수는 없다는 것을 안다.

오늘날의 도전 중 많은 것은 압도적이고, 우리 능력 밖의 것처럼 보일 수 있다. 그것들은 너무나 불가능하게 보여서 우리는 좌절에 빠져 시도조차 하지 않는다. 모범적 리더들은 그 여정을 측정 가능한 목표와 이정표들로 세분해서, 어떻게 하면 점진적 진보를 이룰 수 있는지 보여준다. 회복, 갱신, 변혁은 구조상의 변화가 아니라 작은 개선들 가운데 이루어진다. 우리는 한 번에 한 걸음씩 걸어서 산꼭대기에 이를 수 있다.

리더는 다른 사람들을 행동하게 한다

버지니아 주 알링턴의 감람산연합감리교회(Mount Olive United Methodist Church) 주일 학교에서, 저녁 ESL(English as a Second Language) 강좌를 가르칠 자원봉사자가 필요하다고 광고했다. 몬테 캠벨(Monte Campbell)은 그 도시에 온 지 얼마 안 되었고 ESL에 대해서는 아무것도 몰랐지만, 손을 들었다. 몬테는 고등학교 교사였으며, 자신이 도울 수 있는 일이면 무엇이든 기쁘게 하겠다고 말했다. 그래서 그녀는 주일 밤 교회 지하실 모임에 참석했으며, 우리에게 "그게 이 일에 빠져들게 된 첫걸음이었습니다"라고 말했다.

몇 달 후, 프로그램 책임자가 일을 그만둘 수밖에 없는 상황이 되었고, 담당 목사는 몬테에게 책임자가 되어줄 수 있느냐고 물었다. 그녀는 할 수 있는 일은 뭐든 하겠다고 말하면서 그 제의를 수락했다. 프로그램은 교회 안에서 점점 확대되었다. 그러고나서 그들의 자매 교회에서도 비슷한 ESL을 시작했다. 몬테는 이렇게 말한다. "미처 알아차리기도 전에, 그 프로그램은 기하급수적으로 번져갔습니다. 필요가 너무 컸기 때문이죠. 13년이 지난 지금 저는 계속 이 일을 하고 있으며, 그 프로그램은 우리가 꿈도 꾸지 못했을 만큼 확장되었습니다." 오늘날 열아홉 개의 교회가 영어 강좌를 제공하며, 2002년에 1,500명의 학생들이 등록하고, 300명의 자원봉사자가 강의를 했다.

이 프로그램은 급속히 성장했고 외부 기금이 필요했기 때문에, 1995년에 이사회를 결성했으며, 비영리 기관으로 법인화했다. 법인 및 재단의 기금을 신청하기 위해서다. 현재 ESL과 이주 사역(ESL and Immigrant Ministries)이라고 부르는 이 사역은 열아홉 개의 프로그램을 운영하는 통솔 기구 역할을 한다.

하지만 몬테는 피라미드 꼭대기에 앉아 모든 것을 통제하는 전형적 상관은 아니다. 몬테와 감람산교회는 다른 교회들이 ESL 프로그램을 시작하는 데 도움을 주었지만, 각각의 교회는 자신의 자율적인 리더십, 직원, 시설, 자원봉사자들을 두고 있다. 몬테는 그녀가 '동맹과 가족'이라고 즐겨 칭하는 어떤 교회에도 직접 권위를 행사하지 않았다.

그러면 ESL과 이주 사역은 어떻게 일을 진행시키는가? "그것은 색다른 협정이다. 나는 그것이 대체로 함께 일하고 있는 우리가 선의를 공유하고 있기 때문이라고 생각한다… 동정심이 많으면서 나와 동일한 관심사를 나누고 있는 사람들이 너무나 많았다"고 몬테는 인정한다.

하지만 선의와 자비심을 공유한다 해서 의견이 항상 일치하란 법은 없다. 예를 들어, 처음부터 모든 프로그램은 학생들에게 적정액의 회비를 받기로 했었다. 모든 노동은 자원봉사였지만, 약간의 운영 자금이 필요했다. 초기 회비는 한 학생 당 한 학기에 만 원이었다. 두말할 필요도 없이 프로그램이 확장되고, 시간이 가면서 비용이 늘어났다. 기업과 개인 기부자들로부터 그들이 바라는 만큼의 기금을 모을 수 없었기 때문에, 이사회는 회비를 만 원에서 만 5천 원으로 인상할 필요가 있다고 느꼈다. 그것은 적은 금액처럼 보이지만, 몬테는 다음과 같이 말했다. "모든 프로그램에서 그런 합의에 이르는 일은 굉장한 도전이었습니다. 우리는 다수결로 일을 하려 하지 않았습니다. 100퍼센트 동의를 얻어야 했습니다. 모두가 다 한마음이어야 했습니다. 모두가 회비를 인상하는 것에 동의하거나 아무도 동의하지 않거나 해야 했습니다." (ESL이 시작할 때부터 한 교회는 전혀 회비를 받지 않았고 그 전통은 유지되었다. 그리고 그들은 만장일치에 도달해야 하는 열여덟 개의 그룹에 속하지 않았다.)

여러 개의 자율적 조직이 있다면, 누군가는 변화에 저항하기 마련이다. 그리고 실제로 누군가가 저항했다. 몬테는 어떻게 했을까? 그녀의 말이다. "한 가지 방법은 수많은 책임자들을 개별적으로 만나는 것이었습니다. 나는 그들과 함께 앉아서 그들이 말하는 것 그리고 그들의 선생들이 말하는 것을 들으려 애썼습니다." 이러한 듣기 캠페인이 있고, 그 후에 몬테의 정책 방침서 발표와 더 많은 로비 활동이 있은 후, 마침내 기금 모금에 필요한 합의가 이루어졌다.

몬테 캠벨은 이 모든 일에서 자신이 한 역할에 대해 매우 겸손하다. 하지만 우리의 조사에 따르면, 독자적인 생각을 가진 느슨한 연맹을 결합시키기 위해서는 좋은 의도만으로는 안 된다. 우리가 연구한 다른 리더들과 마찬가지로, 몬테 역시 웅대한 꿈은 한 개인의 행동을 통해 의미 있는 현실이 되지는 않는다는 것을 알고 있다. 모범적 리더는 다른 사람들을 행동하게 한다. 그들은 협력을 촉진하고 개인의 책임 의식을 길러준다.

협력을 촉진하라

몬테 캠벨은 자신이 혼자 그 일을 할 수 없었다고 말한다. 1,500명이 넘는 ESL 학생들을 교육하고 300명 이상의 자원봉사 교사들을 참여시키는 일은 도저히 혼자서 할 수 없는 일이다. 영웅적 리더의 신화는 말 그대로 신화에 불과할 뿐이다. 협력은 각 팀과 협력자들과 다른 동맹들이 효과적으로 기능을 발휘할 수 있도록 하는 대단한 기술이다. 그래서 리더들은 공통의 목표를 세우고 신뢰를 구축함으로 협력을 증진한다.

협력의 가장 핵심은 신뢰다. 리더는 손수 모범을 보이고 적극적으로 귀를 기울임으로써 신뢰의 풍토를 만드는 데 일조한다. 신뢰하는 리더는 사람들에게 혁신을 일으키고 모험을 감행할 자유를 준다. 그들은 열린 태도, 참여, 개인적 만족 그리고 탁월함에 대한 강도 높은 헌신을 조장한다.

리더들은 신뢰가 열쇠라는 것을 알기에, 서로 다른 관점들을 고려하며 다양한 능력과 전문 기술을 가진 사람들을 참여시킨다. 리더는 그렇게 구성된 자신의 팀원들을 신뢰하기에 기꺼이 다른 사람들이 그룹의 의사 결정에 영향력을 발휘하도록 허용한다. 그것은 상호 과정이다. 리더들은 영향을 끼치는 일에 열린 마음을 보여줌으로써 구성원들이 리더를 신뢰하고 그의 영향력에 더 마음을 열 수 있도록 한다. 신뢰는 신뢰를 낳는다.

협력은 리더들이 상호 의존 의식, 즉 이 모든 일에서 우리가 모두 함께라는 느낌을 공유할 때에만 유지될 수 있다. 효율적으로 장기적인 관계를 맺으려면 언제나 상호성에 대한 의식이 있어야 한다. 한쪽은 언제나 주고 다른 쪽은 언제나 받는다면, 시간이 지나면서 주는 쪽이 이용당한다는 느낌이 들 것이며, 받는 쪽은 종속적이되거나 심지어 모욕감을 느낄지도 모른다. 협력 관계를 개발하기 위해 리더는 파트너들 그리고 팀 구성원들과 함께 상호성의 규범을 빨리 확립해야 한다. 이러한 협력은 ESL과 이주 사역이 기금 모금의 도전에 직면했을 때 반드시 필요한 것이었다.

몬테 캠벨 같은 리더들은 또한 반드시 구성원들과 정기적으로 만남을 갖고 이를 유지한다. 적극적으로 얼굴을 맞대는 상호작용이 있어야 한다. 요즘과 같은 디지털 시대에 리더들은 컴퓨터와 전화를 이용한 의사소통 수단에 더 의지하고 싶은 유혹을 받는다. 그러나 모범적 리더들은 디지털 도구를 사용함과 동시에 반드시 모든 구성원들과 대면하며 상호관계를 갖는다.

책임 의식을 키워주라

리더는 자신의 권력과 결정권을 공유함으로써 다른 사람들에게도 책임감을 키워준다. 사람들이 참여하고 자신들이 하는 일이 중요하다고 느끼는 분위기를 만들어내는 것이 책임 의식의 핵심이다. 그것이 본질적으로 구성원들을 리더로 바꾸어가는 과정이다. 구성원들이 스스로 주도권을 잡고 행동할 수 있도록 하는 것이다. 리더는 그들이 스스로 결정을 내리고 필수적인 능력을 구축하면서도 자신감을 증진시키는 분위기를 만들어낼 수 있도록 재량권을 준다. 개인적 책임 의식을 경험하는 사람들은 그들이 성취한 일에 대해 주인 의식을 느낀다. 모범적 리더는 자신이 갖고 있는 권력을 다른 사람들을 섬기는 일에 사용해야 한다는 것을 안다. 그래서 그들은 권력을 혼자서 붙잡고 있는 대신 기꺼이 나누어준다.

몬테 캠벨은 회비 인상에 대해 합의를 끌어낸 이야기를 한 후에, 의아스러운 말을 했다. 그녀가 "권력을 나누는 것은 위험한 일이에요"라고 말했던 것이다. 이것은 그녀가 앞에서 말한 것과, 우리가 그녀에 대해 알고 있는 것과 잘 맞지 않는 듯이 보였다. 우리는 그녀에게 무슨 뜻인지를 물었다. "권력을 나누는 순간 권력을 나눠 가진 그룹이나 사람이 그 권력을 당신과 같은 관점에서 보지 않을 수도 있다는 위험을 감수해야 합니다. 그리고 그러한 일이 일어난다 해도 개의치 않아야 해요. 리더로서 이 과정을 시작할 때 저에게 우려가 없는 것이 아닙니다… 그들이 나에게 그리고 우리가 가야 하는 방향에 동의하지 않는 때가 올 수도 있거든요… 그래서 나는 그런 상황에서 내가 비난과 상처를 받을 수도 있다는 것을 고백합니다."

그녀의 말은 리더가 다른 사람들과 권력을 나누는 것에 관해 들은 이야기 중 가장 신선하고 솔직한 말 가운데 하나였다. 그것은 또한 왜 몬테가 그렇게 성공했는지를 보여준다. 그녀는 기꺼이 약해지고 자신의 권력을 다른 사람들에게 주려고 한다. 리더가 권력을 다른 사람들과 나눌 때, 그들은 다른 사람들의 능력에 깊은 신뢰를 보여주는 것이다. 리더가 다른 사람들이 성장하고 발전하도록 도울 때, 그 도움에 대해 보답을 받게 된다. 자신의 리더에게 영향을 끼칠 수 있다고 느끼는 사람들은 그 리더에게 더 강한 애착을 가지며, 자신의 책임을 더 효과적으로 수행하려 한다. 그들은 자신의 일과 그 일을 하기 위해 필요한 것이 무엇이든 기꺼이 책임을 진다.

리더는 마음을 격려한다

"신학교 시절부터 내 꿈은 교회를 개척하는 것이었습니다"라고 담임 목사인 아담 해밀턴(Adam Hamilton)은 회상했다. "나는 이 지역에서 그리스도를 믿게 되었어요. 나는 여기서 고등학교를 나왔고, 사역에 대한 부르심도 이곳에서 들었지요. 이 인근에는 연합감리교회가 하나도 없었고, 그래서 나는 감리교회를 시작하기 원했지요." 신학원 졸업 후 2년이 지나서 그는 꿈을 이루었다.

아담은 그 지역 감독에게 자신의 꿈을 알렸고, 그 후 그 지구를 책임지는 감독관으로 부르심을 받았다. "감독님이 이렇게 말씀하시더군요. '우리는 기꺼이 자네가 새로운 교회를 시작하도록 파송하고자 하네. 하지만 우리에게는 땅도 없고, 만남을 가질 장소도, 사람도, 돈도 없네. 만약 그런 조건이라도 괜찮다면 기쁘게 자네를 파송하겠네'라고 말이죠." 그들은 또한 아담이 파송될 캔자스시티 지역의 인구 통계상으로 볼 때, 2000년이 되어야 주일날 출석 5백 명에 등록 교인이 천 명 정도 될 것이라고 예상 교인 수를 알려주었다.

그 어느 것도 아담을 단념시키지는 못했다. 그는 이렇게 대답했다. "하겠습니다. 내일이라도 시작하겠습니다. 언제라도 준비가 되신다면요." 아담은 아내 레이본(LaVon)과 어린 두 딸과 함께 교회를 시작했다. 그들이 그 교회의 첫 교인이었다. 그 지역의 한 장례식장 주인이 새로운 교회가 시작된다는 소리를 듣고 아담에게 그 장례식장의 예배당을 예배 장소로 제공했다. 첫 번째 달이 지날 때쯤에는 주일 예배에 90명이 참석하게 되었다.

오늘날, 아담이 1990년에 시작한 부활 연합감리교회(United Methodist Church of the Resurrection)는 만 2천 명에 달하는 교인과 150명의 사역자가 있으며, 9만 3천 평에 이르는 장소에 자리잡고 있다. 그 교회는 건평이 3천 평에 달하며, 또 다른 5천 평의 건물을 신축 중이고, 계획대로 완성되면 2만 5천 평에 달하게 된다.

아담은 이 모든 것이 자신의 힘으로 된 것이 아니며, 그것은 모두 그 공동체의 훌륭한 사람들과 하나님이 도우신 결과였다고 말할 것이다. 하지만 아담은 사람들을 끌어들이는 리더십을 갖고 있다. 사람들은 따뜻하게 격려해주는 그를 무조건 따르고 싶어 한다. "내가 할 일은 사람들을 고무시키는 이야기를 해주고, 우리 교회를 위한 사람들의 열정을 상기시키는 것입니다"라고 아담은 말한다.

하지만 생각해보면, 모든 일은 사실 커피 머그잔으로부터 시작되었다. 아담은 이렇게 말한다.

> 우리는 교회에 처음 온 사람에게 커피 머그잔을 줍니다. 주일날 아침에 오면 참석자 명단에 이름을 쓰게 하고, 주일날 오후면 누군가가 그 사람의 집에 방문해서 커피 머그잔을 주고 교회에 대해 약간의 설명을 한 후 방문해주어서 감사하다는 인사를 합니다.
>
> 처음 5년간은 내가 그 일을 다 했습니다. 내가 모든 커피 잔을 배달했습니다. 방문하는 모든 사람들을 알게 되는 기회가 되었기 때문이지요.
>
> 교회를 시작한 지 한 1년 반쯤 되었을 때, 한 여성이 새로 교회

에 왔습니다. 한겨울이었고, 엄청난 눈보라가 치고 있었지요. 땅에는 약 25센티미터 정도 눈이 쌓여 있었는데, 나는 그녀에게 커피 잔을 전해주러 갔습니다. 그녀의 집에 도착해 현관문 앞으로 갔더니, 그녀는 내가 거기 있는 것을 보고 깜짝 놀랐습니다. 나는 "안녕하세요? 오늘 교회 오신 것에 대해 감사 말씀을 드리려고요. 계속 우리 교회 가족이 되실 수 있으면 정말 기쁘겠네요"라고 말했습니다.

그녀는 "교회는 정말 좋았어요. 하지만 교회 가족이 되기는 어려울 것 같아요"라고 말했습니다.

"왜죠?" 나는 물었습니다.

그녀가 대답했습니다. "들어오시죠. 보여드릴게요."

그녀는 나를 집 안으로 초대했습니다. 나는 신발에서 눈을 털어냈고, 그녀는 나를 거실로 안내했지요. "제 아들 매튜(Mattew)입니다"

매튜는 심각한 다중 장애를 갖고 있었습니다. "저희는 텍사스에서 얼마 전 이사왔는데, 그곳에서는 큰 교회에 다녔습니다. 매튜는 주일 학교에서도 일대일로 돌봄을 받았고, 예배 시간에도 일대일로 보살핌을 받았어요. 목사님 교회는 너무 작아서 교인들에게 그런 것을 기대할 수는 없을 것 같아요. 오늘 아침에 그곳에서 정말 좋은 시간을 보내긴 했지만, 목사님 교회가 저희의 필요를 채우는 것은 현실적이지 않다는 것을 깨달았답니다."

나는 그녀를 바라보면서 말했습니다. "앤(Ann), 약속을 하나 하겠습니다. 당신이 우리 교회 가족이 되기 위해 필요한 것이 있다면 무엇이든 하겠습니다. 매튜가 필요한 것이 무엇이고 그 프로그램이 어떤 것인지 말씀해주신다면, 2주 안에 그 프로그램을 만들어 운영하겠습니다."

그녀는 "그렇다면 좋아요"라고 말하고는 나에게 무엇이 필요한지 말해주었습니다.

나는 다음 주일에 교인들에게 매튜의 이야기를 했습니다. "매튜의 엄마는 우리 교회가 너무 작기 때문에 우리 교회 가족이 될 수 없다고 생각합니다. 그녀는 1년 내내 매주일 주일학교 시간과 예배 시간에 우리가 매튜를 일대일로 돌봐주는 것이 무리라고 느낀 거죠. 하지만 나는 그녀에게 여러분은 매튜 같은 어린 소년이 자신에게도 교회 가족이 있다고 느끼게 하기 위해 필요한 것은 무엇이든 할 사람들이라고 말해주었습니다. 여러분 가운데 한 달에 한 주일 한 시간만 시간을 내 매튜를 돌봐줄 분이 얼마나 계신지요?" 물론 여기저기서 교인들이 손을 들었습니다.

그것이 매튜 사역의 시작이었습니다. 현재는 다중 장애를 가진 35명이 우리 교회에 다니고 있습니다. 그들은 모두 예배 시간과 주일 학교 시간에 일대일로 보살핌을 받습니다. 그 일을 시작으로 우리는 어린이뿐 아니라 장애를 가진 어른들에게까지 사역을 확장하기 시작했습니다. 그것은 모두 '당신의 교회가 되기 위해 필요한 건 무엇이든지 하겠어요'라고 기꺼이 말하는 교인들이 있었기 때문에 시작된 일이었습니다.

아담은 그와 같은 수많은 이야기를 갖고 있다. 그것은 모두 그의 교인들, 사역자들, 자원봉사자들의 일을 칭찬하는 이야기다. 아담은 언제나 다른 사람들을 인정해주고 교회의 많은 사람들을 칭찬한다.

아담은 우리에게 말했다. "우리는 자원봉사자들이나 노력을 해준 사람들을 인정해줍니다. 때로는 그저 개인적인 감사의 글이나 작은 카드를 통해서 그렇게 하죠. 직원들에게는 예산을 따로 떼어 그들을 위한 작은 선물을 사서 보답하지요. 예를 들어 '화이팅, 정말 멋진 일을 했어요' 라는 메모를 붙인 저녁식사권 등이죠." 부활 감리교회 모든 사역의 핵심 리더들도 마찬가지다.

아담은 자신이 책임을 지고 있는 분야에서, 무언가 특별한 일을 하곤 한다. 예를 들어, 어느 교구 담당 사역자가 임기가 되어 위원회에서 물러날 때, 아담은 성대한 크리스마스 파티에서 그를 치하하면서, 그가 사역자들에게 미친 엄청난 영향에 대해 말해주었다. 그리고는 아름다운 고급 송아지 가죽으로 된 1600년대 찬송가를 그에게 선물로 주었다. 밑에는 그의 이름이 새겨져 있고 그가 한 일이 기록되어 있었다. 아담은 고대풍의 성경과 문서들을 수집하는 것을 좋아한다. 그는 그중 어느 한 페이지를 액자에 끼워 무언가 기여를 한 사람에게 종종 선물로 준다.

아담은 또한 설교 시간에 교인들의 선행에 대해 칭찬하는 경우도 있다. "누군가가 훌륭한 일을 했으면, 나는 설교 시간에 크리스천이 어떤 모습이어야 하는지 혹은 어떤 일을 해야 하는지에 대한 긍정적인 모범으로 예를 들어 그 사람을 칭찬합니다." 그는 계속해서 말했다. "2주 전 우리는 지난 7년간 해비타트 운동을 이끌었던 한 사람을 칭찬했습니다. 그는 그 기간 동안 66채의 해비타트 집을 짓는 데 도움을 주었죠. 예배가 끝날 때 우리는 그에게 가장 최근에 지은 해비타트 집을 그린 펜화를 선물했고, 그가 한 일들에 대해 내가 발표했습니다. 그것은 두 가지 효과가 있습니다. 하나는 그를 축복하는 것이고, 또 하나는 전체 교인들에게 교회에서 리더십은 어떤 모습이어야 하는지 본을 보여주는 것입니다. 그것은 '아마 여러분도 언젠가는 이 사람과 같이 될 것입니다' 라고 말해주는 것과 같습니다."

우리의 연구에 따르면, 아담 해밀턴이 말하고 행하는 것이 옳다는 것을 분명하게 알 수 있다. 우리는 66채의 해비타트 집을 지은 그 사람, 혹은 매튜 같은 아이들을 일대일로 돌보아주는 사람이 될 수 있다. 그리고 리더들이 우리가 한 일을 인정해주면, 그렇게 하고 싶어질 가능성이 더 많아진다.

정상에 오르는 길은 힘들고 가파르다. 사람들은 지치고, 좌절하며, 현실에 눈을 뜨게 된다. 비전은 고상하고, 대의는 정당할지 모르지만, 일은 영원히 끝나지 않을 것처럼 보인다. 사람들은 포기하고 싶어진다. 이때 리더들은 각 사람이 계속 올라가도록 격려해야 한다.

기여를 인정하라

소망과 결심을 촉진시키기 위해, 모범적 리더는 개인의 탁월성을 올바로 평가해줌으로 그들의 기여를 인정한다. 아담 해밀턴이 한 것처럼, 감사 카드, 미소, 상, 공개적인 칭찬을 통해 감사를 보여준다. 그들은 다른 사람들의 업적에 대해 이야기하는 것을 좋아한다. 그들은 다른 사람들을 승리자처럼 느끼게 만든다.

하지만 기여를 인정하는 것이 격려의 의미로 잘못 여겨져서는 안 된다. 그것이 따뜻한 환영이나 등을 두드리는 것과 같은 행동이라고 오해해서는 안 된다. 그리고 냉소적인 경영자들은 누구에게도 절대 감사의 말을 표하지 않는 것을 변명하면서 종종 그렇게 말하지만, 다른 사람들의 기여를 인정하는 것은 절대 '나약한 짓'이 아니다.

효과적인 인정은 언제나 높은 기대와 분명한 기준에 의거해 주어져야 한다. 기준이라 함은 목표와 가치(혹은 원리) 둘 다를 의미한다. 둘 다 우리에게 기대되는 것과 관련이 있으며, 적극적인 인정의 기준을 정하는 데 반드시 필요하다.

성공적인 리더들은 자신에 대해서나 구성원들에 대해서나 높은 기대치를 갖고 있다. 이러한 기대치들은 강력하다. 그것은 사람들이 현실을 맞추는 틀이기 때문이다. 광범위한 증거에 따르면, 사람들은 자신에 대한 기대에 맞게 행동한다. 다른 사람들이 실패할 것으로 기대하면 그들은 실패할 확률이 높아질 것이다. 분명한 기대는 또한 사람들에게 활을 쏠 과녁이 되며, 리더들에게 성취를 측정할 척도가 된다.

긍정적인 기대는 긍정적인 결과를 낳는다. 그것은 우리의 마음속에 긍정적인 이미지를 만들어내며, 다른 긍정적인 가능성들을 발생하게 한다. 자신과 다른 사람들에 대한 긍정적인 미래는 먼저 우리 마음속에서 확립된다. 우리 자신을 성공하는 존재로 보지 못한다면, 성공으로 이끄는 행동을 낳기가 매우 어렵다. 긍정적인 이미지는 집단을 보다 효과적으로 만들고, 조직 내 고질적인 문제들을 완화시키며, 성취할 수 있다는 자신감을 심어준다. 백문이 불여일견이다.

진정 의미 있는 방식으로 사람들을 인정하려면, 리더는 언제나 안테나를 가동하고 있어야 한다. 당신이 어디에 있든, 교회 이사회에 앉아 있든, 자원봉사를 하고 있든, 병원에 있는 친구를 방문하고 있든, 예배에 참석하고 있든, 회의를 주재하고 있든, 강연을 하고 있든 간에 사람들이 옳은 일을 하고 있고 그 일을 제대로 하고 있는지 늘 주시해서 살펴보아야 한다.

거기에다 당신이 분명한 기준을 갖고 사람들이 성공적으로 일을 수행하리라 믿고 기대한다면, 사람들은 대부분 주어진 업무에 성공적으로 기여하고 다른 사람들에게 본을 보이게 된다. 하지만 사람들을 인정하는 방식이 천편일률적이면 당신은 불성실하고, 억지스러우며, 아무 생각 없는 사람처럼 보일 수 있다는 사실을 유념해야 한다. 그 때문에 리더가 각 사람의 기호에 주의를 기울이는 것은 대단히 중요하다. 당신이 리더로서 사람들을 인정하는 것을 각 개인이 의미 있게 받아들이게 하려면, 리더는 자기 사람들을 알아야 한다. 리더는 개인마다 가장 적절한 방식으로 인정을 해줌으로써 리더가 시간을 들여 업적을 살펴보며, 책임 있는 개인을 열심히 찾고, 시기 적절하게 개인적으로 칭찬을 해준다는 메시지를 보내게 되는 것이다.

개인적으로 인정을 해줄 때, 각 사람의 동기에 대해 더 주목해야 한다. 직장과 교회와 지역사회 활동에 적극적으로 참여하는 이유는 십인십색이다. 개인에게 맞는 인정을 하려면 각 사람의 독특한 동기에 주목해야 한다. 결국 리더는 다른 사람들에게서 최선의 것을 끌어내되, 사람들 밑에 불을 지피는 것이 아니라 사람들 안에 불을 지펴야 한다.

공통의 가치를 노래하고 승리를 축하하라

전세계 모든 나라에서, 사람들은 서로 축하를 한다. 1년 중 특정한

날에는 일을 멈추고 역사적 사건들을 기념하면서 우리 삶에 변화를 이룬 사람들에게 경의를 표한다. 아기가 탄생하거나 개인적으로 중대한 시점을 통과한 것에 대해 즉석에서 축하를 하기도 한다. 비범한 위업을 달성한 개인이나 그룹에 대한 존경을 표하기 위해 연회에 참석한다. 힘든 지역사회 프로젝트가 끝날 때 함께 모여 일을 잘 끝낸 것에 대해 손을 마주치며 축하한다. 우리는 하나님의 경이로우심을 경축하기 위해 교회 예배에 참석한다. 때로는 비극적인 일이 일어났을 때에도 추모하기 위해 모두 모여서 우리가 공동체임을 노래한다.

왜 우리는 하던 일을 멈추고 함께 모이고, 이야기를 하고, 사기를 북돋는 일을 하는가? 분명 우리는 모두 힘든 일상을 접어두고 쉴 필요가 있다. 하지만 축하는 빈둥대며 게으름 부리는 것에 대한 하찮은 변명이 아니다. 축하는 존경과 감사를 선포하고, 공동체 의식을 새롭게 하며, 우리를 결속시켜주는 가치관과 역사를 상기시키는 대단히 중요한 일 가운데 하나다. 리더는 공동체 의식을 창조해냄으로 공통의 가치와 승리를 경축한다. 그것은 그 비범한 성취가 많은 사람들의 노력의 결과임을 강조하는 것이다. 사람들의 성과를 눈에 보이게 경축함으로써, 리더는 공동체 정신을 함양하고 그 정신을 유지한다. 모든 사람이 함께하는 축하는 "우리 모두가 함께 이 일을 했다"는 것을 알리는 것이다. 리더는 모두가 일관된 핵심 가치를 공유함으로 목표한 성공에 도달한 것을 공개적으로 축하함으로써, 사람들의 초점을 유지한다.

일정한 의식과 함께하는 축하는 또한 더 건강한 집단을 세우는 기회가 되기도 한다. 그것은 조직 구성원들이 서로를 알고 돌볼 수 있게 한다. 그리고 직장에서, 가정에서, 교회에서, 학교에서, 지역사회에서 따뜻하게 지지해주는 관계는 개인과 조직의 활력을 유지하는 데 대단히 중요하다. 그런 관계의 특징은 다른 사람들을 진심으로 믿고 지지한다는 것이다.

강력한 인간 관계는 놀라운 결과를 가져온다. 우리의 연구에 의하면, 리더나 구성원들이나 할 것 없이 주어진 과제에 다른 사람들과 함께 참여할 때, 예상을 뛰어넘는 성취를 이룬다는 것을 알 수 있다. 사람들은 동료에게 강력한 연대 의식과 소속감을 느낄 때, 개인적으로 훨씬 더 행복을 느끼고, 조직에 더욱 헌신하고 싶어 하며, 더 차원 높은 업무 성과를 올린다. 그들이 서로의 관계를 소원하게 느낀다면 제대로 일을 수행할 가능성이 적어진다.

공유된 가치를 중심으로 강력한 문화가 형성될 때마다, 몸소 그 가치대로 살고 있는 리더들을 수없이 발견하게 될 것이다. 상대방에게 신경을 쓰며 그들의 노력에 감사한다는 것을 제대로 보여주는 길은 그들과 함께 거기 있는 것뿐이다. 리더십은 관계이기 때문에, 어떤 사람에게 개인적으로 동지 의식을 느낄 때 그 사람이 주도하는 일에 적극적으로 참여할 가능성이 훨씬 더 높다. 더 헌신하고 지지하게 해주는 것은 바로 리더와 구성원들 간의 인간관계. 진심으로 감사하다고 말하는 것은 상대방을 존중하는 마음을 보여주고 신뢰를 향상시키는 대단히 구체적인 방식이다.

이 다섯 가지 원칙을 보라. 본을 보이고, 비전을 공유하며, 도전하고, 행동하게 하며, 격려하는 것은 사람들이 조직 내에서 비범한 일을 이루고 싶어 하도록 동기를 부여하는 길이다. 그것은 가치를 행동으로, 비전을 현실로, 장애를 혁신으로, 분리를 연대감으로, 모험을 보상으로 바꾸기 위해 리더가 사용하는 것이다. 그것들은 사람들이 도전의 기회를 놀라운 성공으로 바꾸는 풍토를 만들어내기 위해 리더가 하는 일이다.

분명 오늘날 크리스천 리더에게 도전의 기회는 부족하지 않다. 오히려 요즘 같은 변화의 시기에는, 우리가 해야 할 도전들이 점점 늘어가고 있는 듯하다. 우리는 그러한 도전들에 적절히 반응함으로 우리가 살고, 일하며, 예배하는 세상을 깊이 바꿀 수 있다. 다음 다섯 장에서는 이 각각의 원칙이 다섯 명의 모범적 크리스천 리더들의 생각과 행동에 어떻게 영향을 미쳤는지 알아보고, 이를 통한 그들의 깊은 통찰을 살펴본다.

리더의 다섯 가지 원칙과 열 가지 헌신

원리	헌신
리더십의 본을 보이라 	1. 당신의 개인적 가치를 명확히 함으로 그것을 소리 내어 말하라. 2. 행동을 공유된 가치와 일치시킴으로 모범을 보이라.
공통의 비전을 강화하라 	3. 흥미진진하고 숭고한 가능성들을 상상함으로 미래를 구상하라. 4. 공통의 열망에 호소함으로 다른 사람들을 공통의 비전에 참여시키라.
변화의 과정에 도전하라 	5. 변화되고, 성장하고, 개선될 혁신적 방법들을 찾아 기회를 추구하라. 6. 계속해서 작은 승리들을 이루고, 실패에서 배우며 실험하고 모험하라.
사람들을 행동하게 하라 	7. 협력적인 목표를 증진하고 신뢰를 구축함으로 협력을 촉진하라. 8. 권력과 결정권을 공유함으로 다른 사람들에게 책임 의식을 심어주라.
마음을 격려하라 	9. 개인의 탁월함에 대해 감사를 표함으로 그의 기여를 인정하라. 10. 공동체 정신을 창조함으로 공통의 가치를 노래하고 승리를 함께 축하하라.

CHRISTIAN LEADERSHIP CHALLENGE 03

리더십의 본을 보이라

모범적 리더는 뭔가를 대표하고, 뭔가를 믿으며, 뭔가에 신경을 쓴다. 그들은 개인적 가치를 명확하게 하고, 자신만의 독특하고 진정한 방식으로 그것을 표현하고 소리 내어 말한다. 리더는 또한 자신의 견해를 다른 사람들에게 강요할 수 없다는 것을 안다. 그들은 일반적인 원리들을 중심으로 구성원들의 합의를 이끌어내기 위해 부단히 노력한다.

하지만 감탄할 만한 믿음과 원리를 웅변적으로 말하는 것으로는 충분치 않다. 리더가 신뢰받기 위해서는 말과 행동이 일관되어야 한다. 리더는 그들의 개인적 행동을 공유된 가치와 일치시킴으로 본을 보여야 한다. 구성원들은 리더가 확신에 찬 용기를 가지고 있다는 것을 느낄 때, 더 기꺼이 헌신한다. 사람들은 먼저 리더를 따르고, 그 다음에 그의 계획을 따른다.

○

"하나님의 말씀을 너희에게 일러 주고 너희를 인도하던 자들을 생각하며
그들의 행실의 결말을 주의하여 보고 그들의 믿음을 본받으라."
히브리서 13:7

"바른 길로 행하는 자는 걸음이 평안하려니와."
잠언 10:9 상

어떻게 본을 보일 것인가?

존 맥스웰(John C. Maxwell)

당신은 "행동이 말보다 크게 말한다"는 많이 거듭 들어보았을 것이다. 다행히 당신이 좋은 환경에서 자랐다면, 이제까지 받은 복을 세어보라. 하지만 현실은 가혹하다. 오늘날 많은 크리스천 리더들은 별로 이상적이지 못한 환경에서 삶을 시작했다. 깨어진 가정, 부모의 부재, 점차 더 퇴폐해지는 사회의 무너져가는 도덕, 이 모든 조건들은 좋게든 나쁘게든 사람을 형성하는 요인이다. 과거가 어떠하든, 하나님은 여전히 사람들이 지도자의 위치에서 그분을 섬기도록 부르신다. 성경을 대충 훑어보기만 해도, 하나님이 깨어지고 연약한 사람을 통해 역사의 과정을 변화시키시는 일이 전공이심을 알 수 있다. 하나님은 고린도후서 12장 9절에서 왜 이러한 특별한 전술을 사용하시는지 단서를 제공해주신다. 거기에는 "내 능력이 약한 데서 온전하여짐이라"고 되어 있다.

많은 사람들은 자신이 연약한 존재라고 느낀다. 하지만 성경 말씀을 떠올려보라. 우리는 다른 사람들에게 모범을 보이려 할 때, 대단히 훌륭한 출발점에 서 있는 것이다. 하지만 어떻게 모범을 보일 수 있는가? 분명 다른 사람들이 나의 모든 움직임을 지켜보고, 그것을 열심히 흉내내리라는 생각은 두려운 것이다. 어떤 리더들은 그것을 이용해 자신을 선전한다. 하지만 이 책을 쓰기 위해 인터뷰했던 모든 경건한 리더들은 자신의 삶이 다른 사람들이 따라야 하는 가치들을 반영하는 거울이라는 것을 알기에 겸손한 모습을 보였다.

모범을 보이려 애쓸 때 길잡이가 될 수 있는 다섯 가지 원리가 있다.

1. 다른 사람들에게 적용하기 전에 먼저 당신 자신에게 적용하라.
2. 다른 사람들에게 적용하는 것보다 당신 자신에게 더 강력히 적용하라.
3. 옳은 것을 행하기보다 옳은 것을 가르치기가 더 쉽다.
4. 사람들은 보는 대로 행한다.
5. 다른 사람들의 모범은 우리 삶에 심오한 영향을 미친다.

먼저 자신을 인도하라

처음 두 원리는 서로 연결되어 있다. 그러므로 그것들을 함께 살펴보자.

- 다른 사람들에게 적용하기 전에 먼저 당신 자신에게 적용하라.
- 다른 사람들에게 적용하는 것보다 당신 자신에게 더 강력히

적용하라.

훌륭한 리더를 만드는 모든 원리를 망라해 내가 가장 높이 치는 것 가운데 하나는 황금률을 따르는 것이다. 리더로서, 내가 첫 번째로 인도해야 하는 사람은 나다. 내가 나 자신을 따르려 하지 않는다면, 다른 사람들이 나를 왜 따르겠는가? 그러므로 나는 '나를' 인도하는 것에 만족해야 한다. 이것은 이기적인 동기가 아니다. 내가 다른 사람들과 나누고 그들에게 요구하는 것을 나 자신도 하고 있음을 확인시키는 것이다. 리더들이 자신을 발전시키는 내적 여행을 하지 않는다면, 두 가지 일이 일어날 수 있다. 리더로서 피상적이 되든가, 순식간에 소멸되어버리는 것이다.

리더로서 다른 사람들을 인도하기 전에 필히 당신 자신을 인도해야 한다. 이것은 간단하지만 심오한 진리다. 그리고 우리는 종종 쓰라린 경험을 통해 그것을 배운다. 다른 사람들을 바로잡으려 애쓰기 전에, 우리 자신을 바로잡아야 한다. 마치 찰리 브라운과 루시가 나눈 대화와도 같다.

루시: 찰리 브라운, 난 세상을 변화시키고 싶어.
찰리 브라운: 그래, 루시, 정말 대단하구나. 먼저 누구부터 변
　　　　　　　화시킬 생각인데?
루시: 찰리 브라운 너부터! 먼저 널 변화시킬 거야.

우리는 리더로서 사람들을 변화시키고 욕구가 있다. 하지만 본을 보이는 것에 더 중요한 원리가 있다. 당신 자신이 변화되기 전에 다른 누군가를 변화시키려 하지 말라는 것이다. 우리는 종종 리더들은 언제나 변화

를 이루려 압력을 가하고, 추종자들은 완강하게 버티며 반항한다고 생각하는 경향이 있다. 하지만 사실 리더들은 추종자들과 마찬가지로 변화를 좋아하지 않는다(그것이 그들의 아이디어가 아니라면). 사실상 리더들은 추종자들보다 더 변화에 저항한다. 왜 그런가? 조직에 변화가 일어날 때, 부서의 리더가 하는 첫 번째 질문은 "이 변화가 내 영역과 내 사람들에게 어떤 영향을 끼칠 것인가?"이기 때문이다. 어떤 조직이 더 이상 변화되지 않을 때마다, 거기에는 리더가 개입되어 있다. 추종자들은 절대 조직의 변화를 중단시키지 않는다. 언제나 리더가 그렇게 한다.

어떤 사람이 나에게 이렇게 물은 적이 있다. "내가 첫 번째로 인도해야 할 사람은 누구입니까?" 대답은 쉬웠다. "당신 자신이요. 당신 자신이야말로 당신이 인도해야 할 첫 번째 사람입니다. 당신이 자신을 따르려 하지 않는다면, 다른 사람이 왜 당신을 따라야 한단 말입니까?"

변화는 언제나 내부에서 시작된다. 당신 안에서 무언가 위대한 것을 확립하기 전까지는 세상에 무언가 위대한 일을 이루려 하지 말라. 마찬가지로, 당신이 누구인지 알기 전까지는 당신이 어디로 갈 것인가에 대해 염려하지 말라. 내부 문제를 먼저 해결하라. 그 문제들이 정돈되어 있을 때 외적 문제를 해결할 수 있다.

젊은 시절 내가 두 번째 교회에서 리더로 일하고 있을 때, 하나님이 이 진리를 내 삶 속에 주입시켜주셔서 개인적으로 크게 성장할 기회가 있었다. 모든 것은 다른 사람들과 신앙을 나누는 법을 배운 후 시작되었다. 목사가 자기 믿음에 대해 이야기하는 법을 배워야 한다는 게 이상하게 들릴 것이다. 하지만 나는 그것을 몰랐다. 나는 설교하는 법은 알았다. 영접하도록 초청하는 법도 알았다. 하지만 일대일로 믿음을 나누는 법은 몰랐다. 나는 흥분해서 전도의 밤을 계획했다. 이제 내가 새로 발견한 전도 전략을 교인들과 나눌 수 있을 것이다! 나는 강단에 서서 선포했다. "돌아오는 목요일 밤은 전도의 밤이 될 것입니다. 그리고 7시에 우리 모두 기도하고 거리로 나가 우리의 믿음을 나눌 것입니다." 목요일 밤이 되었을 때 나는 차를 몰고 교회에 가서 예배당 문을 열었다. 아무도 오지 않았다.

나는 실망해서 강단으로 가서 기도했다. 그리고는 약간 겸손해진 마음으로, 거리로 나가 혼자 믿음을 나누었다. 그 다음 주일에도 비슷한 광고를 했다. 하지만 목요일 밤이 되었을 때 여전히 아무도 나타나지 않았다. 세 번째 주일에, 하나님은 나에게 말씀하셨다. "존, 사람들을 움직이려 하지 말아라. 너 자신을 움직여라. 너는 그저 내가 명한 일을 해라. 그리고 일관되게 그 일을 해라. 모든 결과는 나에게 맡겨라." 아홉 달 동안 나는 잠긴 교회 문을 열고 강단 앞에서 기도했으며, 밖으로 나가서 나의 믿음을 나누었다. 물론 아홉 달 동안 아무도 오지 않았다.

되돌아보면, 하나님이 무슨 일을 하고 계셨는지 쉽게 알 수 있다. 그분은 나를 날카롭게 하고 계셨다. 그 경험은 리더십이란 옳은 일을 시작하기 전에 올바른 사람이 되는 것임을 가르쳐주었다. 사람들은 그들이 보는 것을 따르며, 내가 그들에게 충분히 오랫동안 모범을 보이면 그들이 터득하게 되리라는 것을 가르쳐주었다. 그들은 누군가가 자신의 믿음을 나누는 것을 한 번도 보지 못했던 것이다.

리더인 당신은 그림이며 모델이다. 사람들은 당신의 비전을 따르지는 않는다. 그들은 당신을 따른다. 그들이 확신과 신뢰성을 갖고 당신을 따르게 할 수 있는 방법은 먼저 그것을 삶으로 보이는 것뿐이다.

가치는 지침이다

최고급 부엌 설비 제조업체 다콜(Dacor) 사의 회장이자 최고경영자인 마이클 조셉(Michael Joseph)은 먼저 자신을 움직이기로 결심한 사람 가운데 하나였다. 그리고 그 결심은 회사의 업무 방식을 완전히 변화시켰다.

1997년에 마이클은 부모님이 30년 전에 설립하셨고 자신이 25년간 이끌어온 회사에 어떤 혁신적인 일을 하기로 결심했다. 이미 성공적인 사업체였던 다콜은 윤리적 기준에 의해 운영되고 있었으며, 양질의 제품을 생산하는 회사로 평판이 높았다. 하지만 마이클은 회사가 다른 면에서도 알려지기를 원했다.

90년대 중반 무렵, 마이클은 자신이 영적으로 부쩍 성장했으며, 사업장에서도 자신의 믿음을 적용할 필요가 있다고 확신했다. '성경에서 붉은 글씨로 된 부분', 즉 예수님의 말씀을 경건한 리더십을 위한 지침으로 삼고 있었던 마이클은 자신의 열정을 회사에 융합시키기 원했다.

"다콜 사는 이미 대단히 양육적인 분위기였습니다. 하지만 어느 날 나는 잠시 짬을 내 우리 회사의 가치 선언서(value statement)를 들여다보았지요"라고 그는 회상한다. "우리가 하는 모든 일에서 하나님을 영화롭게 하는 것"은 선언서의 일부였다. 하지만 그것은 똑같은 비중을 지닌 여러 목표 가운데 하나였다. "그 선언서를 들여다볼수록 점점 더 나는 중요한 것은 단 하나의 메시지뿐이라는 것을 깨달았습니다. 다른 것들은 그저 방법론에 대한 것들이었죠." 마이클은 사업계의 조소와 600명에 달하는 직원 중 일부가 인상을 쓰는 것을 감수하고 가치 선언서를 이렇게 바꾸기로 결심했다. "다른 사람들을 존중함으로, 선을 행함으로, 다른 사람들을 도움으로, 다른 사람들을 용서함으로, 감사함으로, 우리의 삶을 경축함으로 우리가 하는 모든 일에서 하나님을 영화롭게 할 것이다."

마이클은 회사의 새로운 강령을 분명히 알리고 싶어서, 그것을 회사의 웹사이트에 올렸다. 그리고 변화를 보여주기 위해 새로운 명함과 마케팅 문서를 인쇄했다. 그는 스물여섯 개의 국적에 종교도 제각각인 직원들에게 새로운 선언서를 소개하면서, 회사에서는 그들 모두를 환영한다고 말했다. 그러고나서 이 말을 덧붙였다. "이 가치 선언서는 나 개인에게 좀 더 좋은 사람이 되라고 도전합니다. 그리고 회사에는 더 높은 목적을 가지도록 요청한다고 믿습니다. 우리가 서로를 존중하고 도울 때, 조직 전체에서 달란트를 인식할 수 있다고 믿습니다. 우리가 용서를 실천하고 서로에게 감사할 때 그리고 또한 하나님께 감사할 때, 의사소통을 시작하게 되고 개선하게 됩니다. 우리가 혁신적인 양질의 제품을 생산할 때, 선한 일을 하는 것입니다. 그리고 우리의 사업이 이런 가치에 의해 이루어질 때 모든 사람이 유익을 받으며, 우리는 우리의 삶을 경축할 수 있게 되는 것입니다."

그 후에 일어난 변화는 '마음을 푸근하게 하고 엄청나게 긍정적인' 것이었다고 마이클은 회고한다. 다콜의 자문 위원회를 포함해서, 회사는 새로운 신조를 중심으로 똘똘 뭉쳐, 그가 미처 예상하지 못한 방식으로 직원들을 서로 이어주었다. "처음 몇 달간 '도대체 뭘 하려고 저러지?' 하던 사람들이 후에는 감사하다는 반응을 보였다. 그 회사의 70명 세일즈맨들은 명함에 이것을 새겨놓았다. 그들은 우리가 살고 있는 현실 세계의 최전선에서 이 명함을 건네주고 있다. 우리는 시장의 반응이 어떨지 궁금했다. 초기에는 실제로 경멸하는 듯한 말을 듣기도 했다. 하지만 몇 년이 지난 지금은 그 강령이 회사 내에 깊이 새겨져 있다. 리더가 이처럼 크게 발걸음을 뗄 때, 주위의 전폭적 지지는 커다란 도움이 된다.

사업장을 '선교지'로 삼고 있는 크리스천 리더인 마이클은 회사의 가치 선언서를 나름대로 영적인 씨를 뿌리는 것으로 여겼다. "나는 회사에 더 높은 목적을 요구해야 한다는 것을 알았다"라고 그는 말한다. "열심히 일하는 것, 선택을 잘하는 것, 좋은 사람을 고용하는 것도 중요하다. 하지만 내가 하나님의 간섭이라고 부르는 부분이 있다. 나는 성직자가 아니기 때문에, 이 가치 선언서를 통해 내 삶에 임재하신 하나님께 감사하고 영광을 돌리는 것이다."

- 옳은 것을 행하기보다 옳은 것을 가르치기가 더 쉽다.

마이클 조셉처럼 사업장의 리더건 사역을 하고 있는 목회자건 간에, 기독교의 원리들을 믿는다고 말하는 것과 날마다 그 원리대로 사는 것은 별개다. 처음 교회를 목회하는 젊은 리더였던 내게 이것은 리더십에 관한 최초의 도전이었다. 나는 첫 번째로 부임한 교회에서 교인들에게 몇 달에 걸쳐 성경을 한 구절 한 구절 가르치다가, 마침내 내가 살아보지 않은 성경 본문에 도달했던 때를 지금도 기억한다.

내적 갈등이 심해졌다. 나는 자문해보았다. "내가 가르치도록 부름 받은 성경 본문대로 살지 않는다면, 그 본문을 어떻게 해야 하는가? 나 자신이 그 가르침을 따르지 못하면서 어떻게 다른 사람들에게 그것을 따르라고 권할 것인가?" 이것은 내게 상당한 딜레마였다.

불행히도, 나는 즉흥 연기를 하려 애썼다. 나는 그 메시지를 전한 후, 대단히 중요한 결심을 했다. 나는 오늘날까지 그 결심을 지키고 있다. "내가 말씀대로 살고 있지 않다면 그 말씀은 가르치지 않겠다." 내가 갖고 있지 않은 것을 권하려 애쓰지 않겠다는 것이었다. 우리 리더들은 우리가 아는 것을 가르친다. 하지만 재생산되는 것은 우리의 존재다. 그 사실은 나에게 엄청난 진리였다.

몇 년 전 나는 프레드 스미스(Fred Smith)의 「리더가 되는 법(Learning to Lead)」이라는 책을 집어 들었다. 이 단순한 책에는 리더십에 대한 심오한 진리가 포함되어 있었다. 나는 수련회 강사로 가기 위해 샌디에이고발 비행기를 타고 있었다. 책장을 넘기니, 첫 번째 문장이 눈에 확 들어왔다. "리더십은… 당신의 존재와 당신이 하는 일 둘 다이다." 다시 말해, 리더십은 단지 당신의 삶으로 사는 것뿐 아니라 행동으로 나타내는 것이기도 하다. 리더십은 행동에 의해 구체화되어야 한다. 나는 거기서 멈췄다. 더 이상 읽을 수가 없었다. 나는 펜을 꺼내 백지를 세 칸으로 나누었다. 그리고 오른쪽 칸에는 결과를 기록했다. 나는 나의 존재와 행동이 서로 걸맞아야 한다는 사실을 등식으로 나타내기 시작했다. 나의 존재는 행동으로 반영되어야 한다. 이러한 진리를 깨닫게 되자 내가 다른 사람들이 따를 만한 모범이 되어야 한다는 것을 알았다. 내가 기록한 말 가운데 하나는 인격이었다. 그래서 그 칸에는 이와 같은 말들을 적었다. "내가 인격적인 사람이라면(왼쪽 칸), 나는 옳은 것을 할 것이다(가운데 칸). 그리고 옳은 것을 한다면 그 결과 나는 신뢰를 얻을 것이다(오른쪽 칸)." 나는 리더십에 대한 몇 가지 특성에 대해 이런 훈련을 했다. 됨됨이와 행동이 잘 조화를 이루면, 나는 인격과 신뢰성을 둘 다 갖고 있는 것이다. 그 둘이 조화를 이루지 않으면 나는 리더로서 문제에 봉착하게 된다.

그러므로 세 번째 원리를 유념하라. 옳은 것을 행하기보다 옳은 것을 가르치기가 더 쉽다는 것을 말이다. 강력한 리더십은 삶이 메시지와 조화를 이룰 때 생겨난다. 마이클 조셉은 이것을 너무나 잘 알고 있었다. "말은 중요합니다. 하지만 당신이 그에 걸맞게 행동하지 않는다면 말은 중요하지 않습니다. 한 가지 이유는, 아무도 당신의 말을 믿고 따르지 않을 것이기 때문입니다. 크리스천 리더가 직면하는 도전은 그 걸음이 무엇이든, 첫걸음을 떼야 한다는 것입니다. 효과적인 리더는 자신의 말뿐 아니라, 행동과 행위를 통해 메시지를 전달합니다." 그래서 마이클과 다콜의 다른 리더들은 경기가 좋을 때만이 아니라, 경기가 좋지 않을 때에도 자신들이 전파한 것을 더 잘 실천했다.

다콜의 리더들이 그 원리를 지지한다는 가장 놀랍게 보여준 것은 2002년의 경기 침체 때였다. 다른 대부분의 사업체들과 마찬가지로, 다콜도 재정적으로 차질이 생겼으며, 3분기에는 초과 근무를 줄이지 않을 수 없었다. 근무 시간을 계산해서 임금을 받는 직원들은 1.5배의 임금을 받을 수 있는 초과 근무를 하지 못함으로 인해 경제적으로 심각한 타격을 입었다. 마이클은 그것을 알고 공장 노동자들의 기본 임금을 10퍼센트 올렸다. 이런 조처로 인해 회사는 연간 백만 달러 이상의 비용을 지불하게 되었다. 그러나 경기 침체에도 불구하고, 2002년 판매량은 22퍼센트 성장했으며, 이윤은 그 전해보다 40퍼센트 뛰어올랐다. 놀랍게도, 새로운 회사 강령을 채택한 이후 4년 동안, 다콜의 연 판매고는 1억 달러에서 2억 달러로 두 배가 되었다.

마이클은 이렇게 말한다. "우리는 다른 소소한 일들도 합니다. 생일 카드라든가, 현장 감독이든 중역이든 회사에 속한 모든 사람은 한자리에 함께 앉는 것 등입니다. 나는 시간을 내 회사의 모든 사람들과 15분에서 20분씩 일대일로 시간을 보냅니다. 그것이 그들에 대한 감사를 표하기 위해 내가 할 수 있는 일입니다." 업무 성과를 제대로 내지 못하는 직원들은 '연착륙' 제도를 통해 다시 회복할 기회가 주어진다. 다콜은 또한 가정적 어려움에 처한 직원들을 위해 외부 상담가와의 핫라인을 제공한다. 회사가 직원들의 총체적인 삶을 인식한다는 뜻이다. "우리는 그저 먹고 살기만 하면 되는 존재가 아닙니다. 이런 환경은 경영진이 직원들에게 신경을 쓰고 그들에게 귀를 기울이고 있음을 보여줍니다." 다콜은 또한 이윤의 10퍼센트를 직원들과 나누며, 직원들에게 회사의 부분적 소유권을 넘겨주었다.

- 사람들은 보는 대로 행한다.

보는 대로 행동하는 사람의 특성은 리더인 당신을 따르게 하는 가장 큰 동기 유발 요인 가운데 하나다. 평생 우리는 실제로 '리더 따라하기' 놀이를 한다. 스탠포드 대학의 연구 결과에 따르면, 우리가 배우는 것의 89퍼센트는 시각적인 것이고, 10퍼센트는 청각적인 것이며, 1퍼센트만이 다른 감각들을 통해 습득하는 것이라고 한다. 그 때문에 사도 바울은 초대 교회에 보낸 편지에서 열한 번에 걸쳐 "내가 어떻게 행동했었는지 기억하라" "내가 한 일을 기억하라" 혹은 "내가 너희와 함께 있을 때 말했던 것을 기억하라"고 말했다. 그는 계속해서 자신이 이전에 했던 행동을 참고하게 한다. 기본적으로는 그의 추종자들에게 이렇게 말하는 것이다. "너희가 내가 말한 것을 언제나 기억하지는 못한다는 것을 안다. 하지만 너희는 내가 한 행동은 기억할 것이다." 이것은 인간이 일차적으로 시각적 학습자기 때문이다. 리더가 자신을 따르는 사람들을 보는 것은, 마치 거울을 들여다보는 것과도 같다. 그들이 바로 리더인 당신과 똑같이 되기 때문이다.

「리더십 21가지 법칙」에서, 나는 자석의 법칙에 대해 언급했다. 우리는 우리가 원하는 사람을 끌어당기는 것이 아니라, 우리와 같은 사람들을 끌어당긴다. 그것은 리더가 기억해야 하는 중요한 사실이다. 사람들은 보는 대로 행한다. 그들은 당신의 메시지를 듣는다. 하지만 그들은 당신의 발자취를 따를 것이다.

월트 그리핀(Walt Griffin)은 발로 이야기하는 리더다. 월터가 플로리다 주 세미놀 카운티에 있는 레이크뷰 중학교 교장직을 맡았을 때, 그 학교는 학부모들이 자녀를 보내고 싶어 하는 학교가 아니었다. 체벌과 황폐한 시설뿐 아니라, 낮은 사회 경제적 지위로 인해 학교의 이미지는 저하될 대로 저하되어 있었다. 때문에 학군 내에 사는 많은 학생들이 그 학교에 등록하지 않았다.

몇 년 전, 법무부 대표 한 명이 광범위한 인종차별 철폐 노력의 일환으로 공립학교를 조사하기 위해 세미놀 카운티에 온 적이 있었다. 당국은 학교의 현황을 보면서 예상대로라는 반응을 보였다. 레이크뷰와 다른 지역 중학교들 간에 현격한 격차가 있었다. 다른 지역은 사회 경제적으로 더 지위가 높고, 흑인 인구가 상대적으로 적으며, 더 많은 자원과 더 좋은 기회들을 갖고 있었다. 그래서 그들은 행동을 취했다. 학교 간 평등을 돕기 위해, 당국은 레이크뷰를 마그넷 스쿨 – 과학, 수학, 교양 과목 등 구체적 교육 프로그램을 시행하는 특정 학교 – 로 만들었다. 우수한 학생들을 끌어들이려는 노력의 일환이었다.

프리 아이비(Pre-IB, 국제 학사) 준비 프로그램을 개설하고, '행위 예술·통신 특성화 학교'를 표방한 레이크뷰 학교는 바뀐 학교의 방향에 맞춰 특성화된 프로그램을 잘 꾸려나갈 강력한 리더가 필요했다. 새로운 학교는 서류상으로는 좋아 보였다. 하지만 서류상의 이러한 이상들을 어떻게 현실로 구현할 것인가? 가능하기는 할까? 그때 월트가 왔다.

학교 이사회는 당시 다른 중학교 교감이던 월트를 레이크뷰의 교감으로 전보시키고 특성화된 프로그램을 운영하게 했다. 열정적으로 일하며 주위 사람들까지 전염시키는 열심을 가진 것으로 유명했던 그는 '새로운' 학교에 대한 비전을 포착했고, 그것이 열매를 맺도록 노력하기 시작했다.

"그것은 내게는 거대한 과업이었고 매력적인 경험이었습니다"라고 월트는 말한다. 그의 가치를 통합해준 것은 믿음이었지만, 그는 행동으로 말하기로 했다. 그리고 그의 행동은 큰 소리로 말했다. "학교의 리더인 당신의 행동과 말에 당신이 생각하는 것보다 더 많은 사람들이 경청합니다. 특히 어린아이들이 그렇지요." 그는 말한다. "신뢰, 통합, 정직은 모든 어른들이 아이에게 본을 보여야 하는 중요한 것입니다. 그런 가치는 책을 통해 가르칠 수 있는 것이 아니지요. 아이들은 행동을 관찰함으로써 배웁니다."

밀레니엄(학교 이름을 바꾼 것은 이 특성화된 학교의 변화를 나타낸다) 중학교에서 '전인 교육'에 관심을 갖도록 분위기를 조성해온 월트의 말이다. "나는 직원들에게 나의 개인적 신조를 이야기합니다. 하지만 말만 할 수는 없지요. 행동으로 보여야 합니다. 그들은 내가 도울 수 있는 문제라면 무엇이든 도울 것입니다. 어떨 때는 교사들의 이혼, 사망, 암 그리고 부모님을 양로원으로 모시는 문제 등을 처리해야 했지요. 우리 학교에는 대단히 강력한 지원 기구가 있습니다. 그냥 도움이 필요하면 오라고 말만 하는 것이 아니라, 누군가 그들의 집에 들러 뭐가 필요한지 직접 보는 겁니다. 이렇게 했을 때 교사들은 아이들 앞에 더 자신 있게 섭니다. 이렇게 했을 때 여기가 안전하며 자신들이 지원을 받는다고 느끼기 때문입니다."

월트는 그가 돌보고 있는 불우한 학생들을 위해 개인의 신조를 한 단계 발전시켰다. "나는 캠퍼스에서 가장 어려운 학생 다섯 명을 택해서 특별한 방식으로 나를 도와달라고 청하지요. 우리는 함께 가난한 사람들에게 음식을 갖다주고 옷을 전달해줍니다. 이들은 위험한 상태에 있는 아이들로, 갈림길에 서 있습니다. 우리는 그 아이들에게 필요한 것은 무엇이든 지원해줍니다. 옷은 물론이고 심지어 매일 아침 학교에서 아침을 먹을 수 있게 준비합니다. 다른 아이들은 내가 언제나 이 아이들과 함께 있는 것을 봅니다. 그것은 3년 과정이지요. 우리는 6학년부터 이 과정을 시작합니다. 그리고 그 아이들은 고등학교에 갈 무렵이 되면 학교 생활을 성공적으로 해나가는 데 필요한 모든 도구를 갖추게 됩니다."

레이크뷰 중학교에서 밀레니엄 중학교로의 변신은 어마어마한 성공이었다. 2002-2003년도 학생 1,760명 중 280명이 학군 밖에 사는 학생들로서 그 학교를 지원했다. 같은 해, 학군 외 학생들이 들어올 수 있는 자리는 순식간에 채워졌으며, 200명 이상의 아이들이 대기자 명단에 이름을 올렸다.

- 다른 사람들의 모범은 우리 삶에 심오한 영향을 미친다.

오늘날 우리의 모습은 대체로 오랜 세월 우리가 압력받은 것들의 결과물이다. 제임스 쿠제스와 베리 포스너는 뛰어난 리더들에게 "대가(大家)에게 귀를 기울이라"고 권한다. 그들은 "우리의 견해를 생각하고 정리하기 위한 내적 성찰은 우리가 가장 존경하는 리더들의 말을 주의 깊게 경청함으로 촉진되는 경우가 많습니다. 우리가 개인적으로 흠모하는 리더들은 가치관과 믿음에 대한 풍성한 정보의 원천입니다. 우리가 그들을 택한 데는 다 이유가 있는 것입니다. 그러니 그들에 대해 보다 의식적으로 생각하는 것은 대단히 통찰력 있는 일입니다".[1]

당신의 삶에 심오한 영향을 끼친 사람은 누구인가? 내 경우 명단 제일 꼭대기에 있는 사람, 즉 나의 삶을 바꿔놓은 사람은 C. C. C. 창설자 빌 브라이트다. 2년 전에 나는 그에게 나의 역할 모델이 되어주어 감사하다는 편지를 썼다. 빌은 나의 아버지와 더불어, 나의 영적 삶에 가장 큰 영향을 미쳤으며, 경건한 리더를 생각할 때 나는 그 두 사람을 생각하게 된다.

빌은 나에게 하나님을 믿는 믿음에 대해 많은 것을 가르쳐주었다. 한번은 우리가 함께 샌디에이고에 있을 때, 나는 그에게 어떻게 위대한 믿음의 사람이 될 수 있었는지 물어보았다. 나는 그의 대답을 절대 잊지 못할 것이다. "존, 나는 하나님의 속성들을 연구한다네. 그리고 그것이 나의 믿음을 양육하고 세워주지." 그날부터 나는 하나님의 속성들을 연구함으로써 믿음을 세우는 그의 습관을 따랐다.

빌은 또한 어떻게 먼저 하나님의 나라를 구하고 다른 것들을 적절히 배치할지 모범을 보여주었다. 나는 이 세상을 그보다 더 현명하게 사는 사람을 알지 못한다. "올라가려면 포기해야 한다"는 말은 그의 사역에서 나온 간증이다. 영혼에 대한 그의 열정과 대위임령을 성취하기 위한 헌신은 내 마음을 뜨겁게 했다. 그는 리더 중의 리더이며, 나는 많은 사람들이 그의 비전을 이어나갈 것이라고 믿는다. 그 결과, 수많은 사람들이 그리스도께 나아올 것이다. 그가 교회에 남긴 가장 큰 선물은, 영감을 고취시키고 그의 필생의 사역을 이어가도록 남겨놓은 리더들이다.

하지만 그가 나의 삶에 남겨준 가장 큰 선물은 아마도 나에 대한 그의 개인적 관심일 것이다. 그의 사랑과 본보기 때문에, 나는 나의 믿음, 비전, 하나님께 대한 열심을 끌어올리려 노력한다. 나는 먼저 하나님의 나라를 찾기 위해 그리고 다음 세대 크리스천 리더를 일으키려고 애쓴다. 나는 이러한 가치관과 우선순위들을 인조이 리더십 그룹에 속한 사람들에게 전달해주려고 애쓴다. 빌은 자신의 삶에서 모범을 보임으로 내가 추구해야 할 기준을 가르쳐주었다.

다른 사람들에게 모범을 보이려 할 때, 당신의 삶은 당신이 인도하는 사람들뿐 아니라 주위 세상에도 하나의 횃불이 된다는 것을 기억하라. 우리는 집단적 탐욕과 부패한 리더십이 신문에 대서특필되는 시대에 살고 있다. 영적 리더십이 오용됨으로써 많은 사람들은 복음에 대해 관심을 잃게 되었다. 역사상, 길을 인도할 청렴한 기준 및 기준을 주창하는 사람들이 지금보다 더 필요한 때는 없었다.

개인적인 성찰을 위한 질문

1. 나의 리더십 역할 모델들은 누구인가? 왜 나는 그들을 역할 모델로 삼는가?

2. 나는 나의 삶과 리더십을 인도해주는 가치관을 얼마나 분명히 확립하고 있는가?

3. 내가 인도하는 조직에서는 공동의 가치에 대한 합의가 얼마나 이루어져 있는가?

4. 내가 매주 시간을 보내는 방식은 나에게 가장 중요한 가치와 얼마나 조화를 이루는가?

5. 내가 중요하게 여기는 가치에 대해 다른 사람들과 얼마나 많이 이야기하는가? 나는 중요한 교훈들을 가르칠 때 얼마나 효과적으로 전달하는가?

CHRISTIAN LEADERSHIP CHALLENGE 04

공통의 비전을 강화하라

미래로 이르는 고속도로는 없다. 내일로 가는 포장도로도 없다. 오직 광야와 불확실한 지형만 있을 뿐이다. 지도는 없다. 표지판도 없다. 리더들은 개척할 때 나침반과 꿈에 의지한다.

리더는 흥미진진하고 숭고한 가능성들을 상상함으로써 미래를 계획한다. 그들은 무엇이 될 수 있을지 꿈꾸며, 그들이 긍정적인 차이를 가져올 수 있다고 열렬히 믿는다.

하지만 리더만 볼 수 있는 비전은 사람들을 동원하고 에너지를 불러일으키는 데 충분치 못하다. 리더들은 공통의 열망에 호소함으로 흥미진진한 가능성에 다른 사람들을 참여시킨다. 리더는 이상과 미래에 대한 독특한 이미지에 생명을 불어넣으며, 다른 사람들이 공통의 비전을 받아들임으로 어떻게 자신들의 꿈이 실현될 수 있는지 보게 한다.

○

"하나님이 말씀하시기를 말세에 내가 내 영을 모든 육체에 부어 주리니 너희의 자녀들은 예언할 것이요 너희의 젊은이들은 환상을 보고 너희의 늙은이들은 꿈을 꾸리라."

사도행전 2:17

"묵시가 없으면 백성이 방자히 행하거니와."

잠언 29:18 상

어떻게 공통의 비전을 고취시킬 것인가?

데이빗 매컬리스터 윌슨(David Mcallister-Wilson)

나는 신학교 행정에 처음 관여하게 되었을 때, '리더십'이 무엇인지 이해해야 한다는 것을 알았다. 웨슬리 신학교는 수십 년간 쇠퇴하고 있었던 개신교의 한가운데서 갈등하고 있었다. 나는 공항 서점에서 볼 수 있는 일반 리더십 책들을 읽기 시작했다(「리더」를 포함해서). 신학교라는 기관을 잘 운영하고, 학생들이 효율적인 리더가 되도록 도울 만한 것이 없나 보기 위해서였다.

나는 마치 거울에서 나 자신을 보는 느낌이었다. 그 책들에 나오는 사업 전문가들이 우리가 쓰는 단어들을 사용하고 있었기 때문이다! 성공적인 기업가는 선지자, 훌륭한 경영 관행은 청지기직이라고 불렸다. 탁월한 전문가들은 구세주로 여겨졌으며, 그들은 사명, 영혼, 카리스마에 대해 말했다.

그것은 우연의 일치가 아니었다. 교회의 언어와 개념들은 서구 자본주의에 깊이 새겨져 있다. 실제로 '법인(corporation)'이라는 개념 자체가 기독교에서 나온 것이다. 어원이 되는 말은 라틴어 '코르퍼스(corpus, 몸)'다. 교회는 '그리스도의 몸(the Corpus Christi)'이다. 하나이면서 많은 지체다. 교회야말로 최초이자 가장 오래된 법인이다. 우리는 리더십에 대해 알아야 한다. 그리고 우리가 가르쳐야 할 리더십의 많은 원리에서 가장 중요한 것 가운데 하나는 아마 제임스 쿠제스와 베리 포스너가 말했듯, 공통의 비전을 강화하는 것이다.

비전이 모든 것은 아니다. 하지만 그것은 모든 것의 시작이다. 잠언 29장 18절은 "묵시가 없으면 백성이 방자히 행하거니와(without vision, the people perish)"라고 말한다. 기독교는(그리고 모체인 유대교는) 현재와 미래에 대한 비전이며, 그 비전은 하나님의 나라다. 그리고 기독교 리더십이 하나님 나라에 대한 공통의 비전을 강화하는 방식에서 크리스천 리더들의 리더십 개발 방식을 배울 수 있다.

영감과 비전은 고난에서 나온다

크리스천 리더들은 각자 과거에 가장 상황이 어려웠을 때를 기억하며 현재의 위기에 적용할 만한 주제들을 끌어낼 것이다. 우리는 빛과 어둠, 잃어버린 것과 발견되는 것, 종 노릇과 자유, 죄와 구원에 대해 말한다. 우리는 시온 산과 사망의 골짜기에 대해 말한다. 우리는 성경의 인물들과 위대한 성직자 또는 모범적인 교인들을 역할 모델로 삼는다.

선지자 예레미야를 생각해보라. 이스라엘은 모든 것을 잃어버렸다. 예루살렘은 파괴되었다. 이스라엘 사람들은 약속의 땅에서 쫓겨났다. 예레미야 33장 3절에서 하나님은 예레미야에게 말씀하신다. "너는 내게 부르짖으라… 네가 알지 못하는 크고 은밀한 일을 네게 보이리라." 현재와 같은 불확실하고 불안한 시대에는 사람들이 영적 인도를 더 많이 추구한다는 것 역시 우연이 아니다. 고난에서 소망이 나온다는 약속은 우리의 믿음이 독특하게 기여하는 것 가운데 하나다. 마틴 루터 킹(Martin luther king)이 암살당하기 전날 밤에 한 마지막 설교의 끝 부분을 살펴보라.

"글쎄요. 이제 나는 무슨 일이 일어날지 모르겠습니다. 어려움이 앞에 놓여 있지만 전 이제 상관없습니다. 나는 산꼭대기에 갔다 왔기 때문입니다. 신경 쓰지 않습니다. 누구나 그렇듯 나도 오래오래 살고 싶으며, 장수도 나름대로 의미가 있습니다. 하지만 이제 그런 건 아무래도 좋습니다. 나는 그저 하나님의 뜻을 행하고 싶습니다. 그리고 그분은 내가 산 위에 올라가도록 허락하셨습니다. 그리고 나는 내려다보면서 약속의 땅을 보았습니다. 나는 여러분과 함께 거기 이르지 못할지는 모릅니다. 하지만 오늘 밤 우리가 한 백성으로 약속의 땅에 이르리라는 것을 여러분이 알기 원합니다."[1]

그는 교회에서 양육받은 사람들에게 유대인들과 크리스천들의 암호로 말했다. 그가 약속의 땅을 보았다고 말할 때, 어려서부터 주일 학교에 다녔던 사람들은 그가 무엇을 말하고 있는지 알았다. 그는 모세의 이야기와 연결시켰다. 모세는 사람들을 종살이에서 인도하여 광야로, 마침내는 요단 강가로 인도하여, 아브라함과 그의 후손에게 약속된 땅으로 건너갈 준비를 시켰다. 모세는 살아서 약속의 땅으로 들어가지는 못했다. 하지만 그는 산꼭대기에서 그것을 내려다볼 수 있었다.

성경이 전개되면서, 약속의 땅과 그곳의 수도 예루살렘(시온이라고도 하는)은 미래, 곧 자신의 잃어버린 자녀들을 모두 모아 집으로 데려가시겠다는 하나님 약속의 성취를 나타낸다. '시온'을 노래할 때마다, 혹은 '나라가 오게 하시며'라고 기도할 때마다 그것이 바로 우리가 소망하는 것이다.

믿음을 깊이 이해하면 리더들은 소망을 가질 수 있다. 지평선을 내려다볼 시간을 갖는다면, 더 나은 내일을 보게 될 것을 깨달을 수 있다.

비전은 무지개의 특성을 가지고 있다

우리는 종종 "눈에 보여야 믿을 수 있다"고 말한다. 하지만 진정한 의미에서 믿는 것은 특별한 방식으로 보는 것이다. 이것이 더 깊은 진리다. 위대한 일을 이룬 모든 사람에게 물어보라. 그들은 보이지 않는 비전이 먼저라고 말할 것이다.

힘 나누기 재단의 설립자 빌 쇼어(Bill Shore)는 이 비전을 "마음속 대성당"[2]이라고 부른다. 위대한 대성당을 하나 지으려면 넓은 면적과 수천 명의 사람들 그리고 수세대에 걸친 노력이 필요하다. 그런 사명 의식을 낳은 것은 웅대한 비전이었다. 그 대성당들은 십자가 형태로 되어 있으며, 그 성당의 뾰족탑들은 중세의 하늘에 솟아오른 천성의 실루엣처럼 멀리서도 보이게 되어 있다.

크리스천 리더들은 비전이 제도를 새롭게 하는 힘을 갖고 있음을 믿는다. 비처 힉스(Beecher Hicks)는 워싱턴의 큰 교회 가운데 하나인 메트로

폴리탄 침례교회의 목사다. 하지만 힉스 목사는 도시에서 복음을 증거하기 위해 '교회 밖 교회'가 필요하다고 결정했다. 그래서 그는 워싱턴 기념비 터에서 부활절 예배를 드리기로 계획했다.

거대한 텐트와 수천 개의 의자, 야외용 프로판 히터, 조명과 음향을 위한 전자 시스템, 원격 텔레비전 카메라와 모니터를 세우는 데 몇 개월의 시간과 4만 달러의 비용이 들었다. 교회는 약정한 교인들에게 매주 5달러씩 모금을 했다. 그런데 성금요일에 날씨가 추워지더니 토요일 밤에 눈이 내렸다. 주일이 되자 눈은 그쳤지만 날씨는 매우 춥고 흐렸으며, 예배 시작 한 시간 전에도 사람들이 거의 오지 않았다. 하지만 힉스 목사가 강단에 올라설 시간이 되자 모든 의자가 가득 찼다. 그리고 예배 중간에 구름이 걷히고 해가 나왔다. 날씨가 따뜻해져서 그들은 히터를 끄고 텐트 옆을 걷어 올렸으며, 워싱턴 거리의 사람들, 즉 홈리스, 관광객, 롤러 블레이드를 타는 사람 할 것 없이 모두 텐트 주위로 몰려들었다. 그날 5천 명 이상의 사람들이 부활을 경험했다. 이와 같은 담대한 행동으로 메트로폴리탄 교회는 워싱턴의 명물이 되었다.[3]

비처 힉스 같은 목사들이나, 해비타트(Habitat for Humanity)의 밀라드와 린다 풀러(Millard and Linda Fuller), 혹은 약속을 지키는 사람들(Promise Keeper)의 빌 매카트니(Bill McCartney) 같은 크리스천 리더들은 나에게 영감을 준다. 그들은 무언가 큰 목표에 도전하기 때문이다. 그리고 내가 배운 교훈 가운데 하나는 높은 것을 목표로 삼아, 바람을 타고 높이 날아오르라는 것이다. 비전은 필연적으로 과장되고, 비현실적이며 무책임하다. 그것은 때로 무지개와 같다.

서사시처럼 이야기하는 법을 배우라. 흥미진진한 모험처럼 이야기하는 것을 연습하라. 그리고 잃었다가 찾은 것, 빛 가운데 거하는 것과 어둠 속에 있는 것과 같은 전형적인 주제를 사용하라. 마치 당신이 성경이나 다른 자료들에서 튀어나온 서사시적 인물인 것처럼 실감나게 말하라. 그리고 「반지의 제왕(Lord of the Rings)」 3부작의 첫 번째나 두 번째 이야기처럼 결말은 열린 채로 두라.

도시 빈민가에 있는 우리 집 근처의 작은 교회는 "하나님의 나라가 여기에 세워지고 있습니다"라는 광고판을 세워놓았다. 웨슬리 신학교는 개신교의 막연한 불안에서 벗어나기 위해, "우리는 교회에 다시 활기를 부여하는 데 있어 핵심 역할을 담당할 것입니다"라는 비전을 채택했다. 나는 우리의 힘으로는 그렇게 할 수 없다는 것을 안다. 하지만 우리가 그렇게 하리라 믿는다. 그리고 이러한 대담한 믿음은 그런 믿음이 없을 때보다는 우리를 더 전진하게 해줄 것이다.

크리스천의 리더십은 믿음에서 시작되고 믿음으로 끝을 맺는다. 당신이 리더로서 허황된 듯한 비전을 제시할 때도 믿음을 가짐으로 사람들을 강하게 끌어당길 수 있다. 당신은 결국 중요한 것은 당신의 성공이나 당신 조직의 성공이 아니라는 것을 안다. 미래를 하나님의 손안에 맡겨놓으라. 그러면 사람들은 위안과 소망을 얻기 위해 당신을 의지하게 될 것이다.

그물로 고기를 잡으라

담대한 비전을 분명히 말하는 리더의 능력은 공통의 비전을 강화하는 리더십의 시작에 불과하다. 기독교는 집단이다. 우리는 하나님의 백성, 아브라함과 모세의 지파, 약속의 땅으로 영적인 여행을 하고 있는 열두 제자의 후손이다. 교회는 복수 명사다. 그리고 기독교 리더십은 그물로 고기를 잡는 어부나 양 떼의 목자가 되는 것이다. 그것은 사람들을 모아서 공통의 비전을 향하여 나아가는 일에 참여시키는 것이다.

그 대표적인 방법으로 설교가 있다. 그러나 모든 설교가 이러한 공통의 비전을 분명히 제시해주고 있지는 않다. 설교는 너무나 중요하지만 설교만으로는 효과가 없으며 오히려 우리의 영혼이 위험해질 수도 있다. 설교자들은 종종 일평생 강단에서만 사역한다. 골프 선수가 짙은 안개 속으로 공을 치는 것처럼, 자신의 설교가 정확히 사람들의 정곡을 찌르는지 아닌지 알지 못한 채 사람들에게 자신의 생각을 되는 대로 던지는 것이다. 그들은 스스로를 신적 지혜의 원천이라고 생각하여, 하나님의 비전을 자신들의 비전으로 대신할 수도 있다. 이런 이유 때문에 세상에서 비효과적인 리더가 일방적이고 상명하복식의 장광설을 늘어놓을 때, '설교'라고 한다.

모세는 말을 더듬었다. 그리고 바울은 자신이 대중 연설에 서툴다고 생각했다. 조지 휫필드(George Whitfield)는 존 웨슬리보다 설교를 잘했다. 하지만 휫필드의 웅변술은 그의 죽음과 함께 사라진 반면, 웨슬리는 성공적이고 지속적인 운동체를 만들어냈다. 성공적인 교회, 조직, 공동체는 독창보다 찬양대의 합창에 더 가깝다. 즉, 기독교 리더십은 모든 사람이 같은 부분을 노래하게 하는 능력이다.

존 데릭(John Derrick)은 펩코 홀딩 주식회사(PepcoHodings, Inc.)의 회장이며, 포토맥 전력회사(Potomac Electic Power Company)의 전(前) 사장이다. 그의 사업이 항상 강도 높은 규제와 압박 속에서 이루어졌음에도,

그는 내가 아는 사람 가운데 가장 성공적인 비전 제시형 리더다. 그리고 그는 평생 주일학교에서 교사로 헌신했다. 펩코 홀딩 직원들은 회사에 대해 대단한 주인 의식을 갖고 있다. 회사 강령에 나온 표현을 빌리자면 다음과 같다. "우리는 전력선 이상의 것으로써 당신과 연결되어 있습니다." 존은 조용한 리더다. 그는 1993년 워싱턴에 '세기의 눈보라'가 몰아치는 동안에도 비전을 나누는 일을 실천했다. 시장은 모든 관공서를 닫았으며, 워싱턴에 '꼭 필요하지 않은' 직원들은 모두 집으로 돌아가라고 명령했다. 존은 그날 아침 눈을 헤치고 신학교에서 열린 모임에 신실하게 참석했다. 나는 그에게 직원들을 몇 명이나 집으로 돌려보냈느냐고 물었다. 그는 그 질문에 약간 발끈했다. 누구든 필요하면 집에 갈 수는 있었다. 하지만 그는 말했다. "나는 펩코에서 일하는 모든 직원 가운데 누군가에게 '꼭 필요하지 않은' 사람이라는 메시지를 보내지는 않을 것입니다." 아마 그는 주일학교에서도 그런 메시지를 가르쳤을 것이다.

내 아내 드레마(Drema)는 펜타곤(미국방부)에서 조금 떨어진 곳에 위치한 교회의 목사다. 2001년 9월 11일 저녁, 아내는 기도회를 열었으며, 전국 도처의 사람들이 그랬던 것처럼, 사람들은 영적 리더십을 찾아 교회로 왔다. 그들은 해방의 약속을 듣기 위해 왔다. 어떤 사람들은 부상을 당했으며, 많은 사람들이 친구나 동료가 죽거나 실종되는 슬픔을 겪었다. 모두가 두려워하고, 분노하며, 혼란에 빠져 있었다. 그것은 마치 감정의 홍수와도 같았다. 그리고 드레마는 마치 공병대처럼, 분출한 감정이 안전한 길로 다시 바다로 돌아가도록 도왔다.

아내는 설교를 하지 않았다. 대신 우리의 공통 비전을 상기시켰다. 그녀는 위안과 소망에 대해 말하는 성경 본문들을 읽었다. 그녀는 사망을 이기고 승리하는 것에 대한 옛 찬송가들을 골랐다. 그리고 기도회를 인도했다. 그러고나서, 자발적으로 기도하는 시간을 주었다. 사람들은 죽거나 실종된 사람들을 위해, 가족들을 위해, 소방관들을 위해, 나라를 위해 기도했다.

이때 평신도 리더 브라이언 머레이(Brian Murray)의 음성이 들렸다. 브라이언은 몇 시간 전에 친구들을 잃은 미군 장교였다. 그는 적들을 용서해달라고 구했다.[4] 그날의 기도에서 나는 공통의 비전에서 나온 소리를 들었다. 그들은 모두 같은 소망에서 나온, 같은 기도를 하고 있었기 때문이다. 그것은 "아버지의 나라가 오게 하시며 아버지의 뜻이 하늘에서와 같이 땅에서도 이루어지게 하소서"라는 주기도문의 일부였다. 그들은 그날 밤 하나의 비전을 가지고 그리고 그에 수반되는 침착한 용기를 가지고 교회를 떠났다.

그와 같은 비전들은 위기의 순간에 수확을 거둘 것이다. 하지만 심어지는 때는 제각각이다. 설교 시간을 통해서만 비전을 촉진할 수 있는 것은 아니다. 주주모임 때의 연설이나 연례 직원 야유회에서 듣게 되는 기운을 돋우는 이야기, 혹은 분기별 이윤 보고서에 첨부된 메모도 마찬가지다. 크리스천 리더가 어떻게 비전을 심는가 하는 것은 공통의 비전을 강화시키는 핵심이다.

지평선을 주시하라

좌절한 리더에게서 종종 듣는 질문은 "어떻게 하면 일을 잘 처리할 수 있을까요?"라는 것이다. 많은 경우 그런 좌절은 조직의 방향 상실에서 온다고 생각한다. 만약 파일럿에게 그런 일이 생겼다면 해줄 수 있는 조언은 지평선을 주시하라는 것이다. 시간이 지나면서 변하는 조직에 공동의 운명 의식을 개발하는 방법은 지평선에 집중하는 것, 즉 북극성에 시선을 고정시키는 것이다.

벨사살 왕이 예루살렘에 있는 하나님의 성전에서 가져온 금잔으로 손님들과 술을 마시고 있을 때, 홀연히 손가락이 나타나 벽에 글씨를 쓴다. 그때 선지자 다니엘이 이 벽에 쓰인 글씨를 해석한다(다니엘 5장). 나에게 있어 '벽에 쓰인 글씨'는 타코벨 회사의 사명 선언서였다. 그것은 화장실 세면대 옆에 걸려 있었다(그들은 손을 씻는 동안 회사의 사명을 숙고할 것이다). 그 선언서에 정확히 무엇이라고 적혀 있었는지는 기억이 나지 않는다. 하지만 내가 깊은 인상을 받은 것은 사명(mission)이라는 말을 사용했다는 것과, 그 회사의 모든 사람이 그것을 알도록 했다는 것이다. 나는 수많은 교회와 내가 섬기는 교단에 무엇이 빠져 있는지 찾아내려 애쓰고 있었다. 그리고 그 선언서를 보았을 때 그것은 바로 사명 의식이라는 것을 깨달았다. 나는 교회의 구성원인 교인, 목사, 평신도 그리고 신학교가 역사상 이 거대하고 거룩한 프로젝트에 실제로 관여하고 있다는 공동체 정신이 없음을 말하고 있는 것이다. 나는 영화 〈블루스 브라더스(Blus Brothers)〉에서 포착하고 있는 순수하고 긴급한 신적 부르심에 대한 의식을 말하고 있는 것이다. 그 영화에서 제이크(Jake)와 엘우드(Elwood)는 검은 양복과 흰 양말, 끝이 납작한 소프트 모자를 쓰고 서서 대단히 진지하게 '우리는 하나님께로부터 사명을 받았습니다'라고 선언한다.

사명은 공동 운명에 대한 의식이다. 그것은 본질상 조직적 리더십을 요구한다. 제임스 쿠제스와 베리 포스너는 그것을 가르치는 과정으로 묘사한다. "비전을 가르치는 것과 그 비전이 공유되고 있는지 확증하는 것은 구성원들을 그들의 삶 그리고 소망과 꿈에 대한 대화에 참여시키는 과정이다".5 크리스천 리더들은 그것을 잘 안다. 그들은 예수님을 '랍비'라 부르는데 그것은 히브리어로 '선생'에 해당되는 말이다. 그들은 자신을 '제자'라 부르는데, 그것은 헬라어로 '학생'에 해당되는 말이다. 예수님이 대위임령을 주셨을 때, 그분은 "모든 족속으로 제자(학생)를 삼으라"(마 28:19)고 말씀하셨다.

철저히 들으라

리더십 기술 중 하나는 공통의 비전을 말로 표현하는 것이다. 비전의 최종적 평가 기준은 '그 비전이 참된 것처럼 들리는가?' 하는 것이다. 로베트 웜스(Lovett Weems)가 상기시키듯이, "최고의 리더들은 우리가 무엇을 생각하고 있는지 말해준다. 최고의 리더들은 우리가 무엇을 느끼고 있는지 말해준다".6 음악가 어빙 베를린(Irving Berlin)이 죽었을 때, 찰스 쿠랄트(Charles Kuralt)는 "그는 미국인들의 마음을 엿들었다. 그는 우리의 마음을 노래했다"고 말했다.7 또한 크리스천 리더는 교인들에 의해 높아지고 도전을 받는다. 작곡가이자 연주자인 레온 러셀(Leon Russell)의 노래 가운데 이런 가사가 있다. "내게 있어서 당신의 이미지는 내가 바라는 것이다".8

그래서 우리는 다른 사람들의 말을 주의 깊게 들어야 한다. 모든 집단에는 하나의 기질이 있으며, 좋은 목재를 갖고 작업하는 목수처럼 효과적인 리더는 그 기질을 읽는다.

흑인 교회 공동체에서는 '부르고 대답하는' 전통이 있다. 설교를 하는 동안에 회중은 '반응을 보인다.' 메시지에 대해 자발적으로 반응하면서 긍정을 하기도 하고, 격려를 하기도 하고, 아니면 긍정을 보류하기도 하는 것이다. 설교자가 설교하는 와중에도 모든 교인은 자신이 회중이 아닌 성직자가 된 것처럼 대화하고 반응한다.

이렇게 하는 이유는 모든 사람이 하나님의 자녀로서 가치를 갖고 있다고 믿기 때문이며, 모든 사람이 하나님 나라에서 해야 할 역할이 있다고 믿기 때문이다. 우리는 때로 사역자라는 단어를 안수받은 성직자를 뜻하는 말로 사용한다. 하지만 우리는 세례받은 크리스천은 누구나 일정한 사역에 부르심을 받았다고 믿는다. 현재 성장하고 선교에 점점 더 깊이 관여하고 있는 교회들은, 교인들이 그들의 부르심을 발견하고 영적 은사를 개발하도록 돕는 곳들이다.

자선사업 전문가인 베티 빈은 1997년 미국 유나이티드 웨이 회장직에 올랐다. 당시 유나이티드 웨이는 불명예스러운 사건으로 인해 심각한 손상을 입은 상태였다(2장을 보라). 사기가 땅에 떨어지고 자금은 고갈되었다. 분명 베티는 자신이 좋아하는 예수님께 기도를 드렸을 것이다. "주여, 나를 불쌍히 여기소서. 속히 나를 도우소서."

베티는 회장직을 맡은 첫해에 전국을 종횡무진 누비면서 지역 유나이티드 웨이 자원봉사자들과 직원들을 만났다. 크고 작은 도시들에서, 교외와 농촌에서, 그녀는 조직이 얼마나 큰 손상을 입었는지 직접 들었다. 베티의 생각에 유나이티드 웨이 운영을 위한 전국 기준을 세우는 것이 건

전한 경영 관행을 일관되게 시행하고, 유나이티드 웨이의 신뢰성을 회복하는 데 결정적인 역할을 하게 될 것이 분명했다.

그녀는 단호한 리더십 스타일로 일련의 기준들을 세우고 각 지부에 그것을 두 돌판처럼 전달하고 싶은 마음이 굴뚝같았다. 하지만 베티는 그렇게 하는 대신에 지역 직원 대표, 이사, 후원자, 유나이티드 웨이 기금을 받는 전국의 기관 지도자들을 소집했다. 유나이티드 웨이 각 지부의 운영을 위한 공동의 기준을 개발하는 것이 그들의 일이었다. 유나이티드 웨이라는 이름과 로고를 사용하고, 전국 풋볼 리그와의 연합 선전 등의 전국적 서비스를 받으려면 이 기준을 충족시켜야 했다.

이같이 모든 사람을 참여시키는 의사결정 과정은 시간이 더 오래 걸렸으나, 상당한 행정적 반대에도 불구하고 대다수의 유나이티드 웨이 지부는 결과를 신뢰해주었다. 의사결정 과정이나 그 결과를 통해, 일부 사람들의 비행에 대한 분노를 누그러뜨리고, 미래에 대한 냉담함을 긍정적 에너지로 바꿀 수 있었다. 베티는 기금을 모금할 때마다 발견했던 사실을 리더십에도 적용했다. 그녀가 내게 종종 말하듯이, "사람들은 자신들이 동참하고 기여한 것에 지지를 보냅니다."

희생은 리더십의 정수다

몇 년 전, 허리케인 앤드류가 플로리다를 강타한 다음 주일, 나는 구제라는 주제로 어린이 설교를 했다. 그때 갑자기 다섯 살짜리 로렌 데이비스(Loren Davis)가 말을 하기 시작했다. 로렌은 교회에서 가장 수줍음이 많은 아이였으며, 그것은 누구나 아는 사실이었다. 하지만 이번에는 그 아이가 목소리를 높였다. 로렌은 많은 친구들의 집을 앗아간 허리케인에 대해 생각하고 있었다. "나는 돈도 아주 많이 받았고 장난감도 아주 많이 받았어요. 집을 잃은 친구들에게 내 돈과 장난감을 주고 싶어요." 물론 그걸 다 합해봐야 50달러 정도밖에 되지 않았다. 하지만 후에 정식 헌금 시간이 되었을 때, '허리케인'이라고 쓰인 온갖 종류의 봉투와 수표가 들어왔다. 50달러가 5천 달러가 되었으며, 그 외에도 교회 역사상 기록적인 액수의 헌금이 들어왔다.9

"나는 돈을 아주 많이 받았고… 나는 주고 싶어요"라는 로렌의 방정식은 기독교의 근본 역학이다. 우리는 하나님으로부터 온갖 은사들을 경험한다. 그것을 우리는 '은혜'라고 부른다. 그리고 우리는 감사로 반응한다. 감사는 새생명과 새로운 가능성의 원천이다.

이것이 리더십과 무슨 관계가 있는가? 기독교에 있어서 믿음의 중심 주제는 희생이다. 그것은 구속적 능력이다. 그것은 우리의 역사를 과거에 대한 향수 이상의 것으로 만들며, 우리의 가르침을 철학적 추론 이상의 것으로 만든다. 십자가는 바로 그것이다. 모든 시대 모든 장소의 크리스천들은 몸과 피를 나누기 위해 희생의 상 주위에 모인다. 그렇게 해서 우리는 세상에서 그리스도의 몸이 되는 것이다. 이것이 우리를 세상과 구분해준다. 우리는 십자가에 달리신 그리스도를 선포한다.

바울은 십자가의 이 메시지가 다른 모든 사람들에게는 "미련한 것"(고전 1:23)이라고 말한다. 그렇지만 그 미련한 것은 인간 실존의 근본 사실에 뿌리를 박고 있으며, 모든 리더들에게 깊은 교훈을 준다. 희생이 리더십의 핵심이라는 것이다. 예수님 자신이 이것에 대해 말씀하셨다. "내 계명은 곧 내가 너희를 사랑한 것 같이 너희도 서로 사랑하라 하는 이것이니라 사람이 친구를 위하여 자기 목숨을 버리면 이보다 더 큰 사랑이 없나니"(요 15:12-13). 전시에나 평화시에나, 모든 위대한 리더십은 본질적으로 희생적인 것이다. 마치 비전의 높이는 희생의 깊이와 비례해야 하는 것과도 같다. 그것은 미래를 믿는 근본적 행동이다.

인도의 수상 인디라 간디(Indira Gandhi)는 암살당하기 직전에 한 가지 질문을 받았다. 그녀와 같은 위대한 힌두인들(마하트마 간디 같은)은 마더 테레사의 믿음이 인도에 기여한 점이 무엇이라고 생각하느냐는 것이었다. 간디는 자신을 희생하는 하나님이라는 개념을 준 것이라고 생각했다. "사람들은 자기 생명을 나누어주기 위해 죽고 있습니다"라고 그녀는 말했다.10

사람들은 종종 삶의 큰 문제는 삶과 죽음의 문제가 아니라고 느낀다. 우리는 언젠가 모두 죽을 것이다. 문제는 '당신은 무엇을 위해 살고 있는가?' 아니면 '당신은 무엇을 위해 목숨을 바치는가?' 이다. 이 둘은 같은 질문이다.

비전을 가르치고 성령의 인도하심을 구하라

리더는 끊임없이 비전을 가르친다. 때로는 말로, 때로는 풍성한 비언어적인 상징을 통해 의사소통을 한다. 크리스천들은 라틴어를 읽거나 이해하기도 훨씬 전부터 미사에 대해 배웠다. 우리는 교회 의식들을 통해, 특히 세례와 성만찬을 통해 배운다. 상징을 통해서도 배운다. 십자가,

물고기 표시, 사도들의 방패 모양, 성금요일의 수의, 부활절의 꽃 등 다양한 교파들의 서로 다른 풍습들에서 우리는 오감을 통해 배운다.

우리가 말을 사용할 때, 그것은 대부분 이야기 형태로 되어 있다. 그리고 우리는 더 큰 이야기 안에서 개인적인 이야기를 발견하게 된다. 우리는 구약의 이야기들을 말한다. 그것은 운명에 대한 서사시적 이야기들이다. 또한 예수님이 말씀하신 비유를 말한다. 모든 비유는 본질적으로 같다. 그것들은 모두 하나님 나라를 가르치기 위한 것으로, 많은 이야기가 "하나님 나라는 이와 같으니…"라는 말로 시작된다. 그 비유들은 농담과 같은 구조로 되어 있다(예수님이 그것을 이야기하실 때 미소 짓는 모습을 상상해보라). 오늘날의 세상이 앞으로 다가올 세상과 비교되면서, 놀라운 관점의 변화가 이루어지는 것이다.

인간은 습관의 동물이다. 그러므로 크리스천 리더십은 사람들에게 마음과 생각의 습관을 형성할 기회를 제공해야 한다. 우리의 비전은 기도, 금식, 성경을 포함한 신앙 서적 읽기, 예배 등과 같은 영적 훈련을 통해 살아난다. 이러한 훈련들은 보통 암송을 포함하는데, 암송은 비전을 품을 수 있는 마음의 토대를 형성한다. 아이들은 주기도문, 사도신경, 시편 23편 등이 무엇을 의미하는지 알기 오래전에 그리고 그들이 알아야 할 필요가 있기 전에 암송하는 법을 배운다.

그리고 우리는 행동으로 가르친다. 사람들은 리더는 도덕적으로 더 고결해야 한다고 생각한다. 물론 그래야 한다. 크리스천으로서 우리는 문자 그대로 '설교한 것을 실천해야' 한다. 예수님은 제자들의 발을 씻기셨을 때 하나님 나라의 비전을 가르치셨다. 교황은 자신을 암살하려던 사람을 방문하고 그에게 키스했을 때 그것을 가르쳤다.

리더들은 역설계(Reverse Engineering) 과정을 통해 비전을 구체화함으로 비전에 활기를 불어넣는다. 리더들은 "성공은 어떤 모습이어야 하는가?" "이런 결과를 이루기 위해 어떻게 준비해야 하는가?" 하는 질문을 한다. 크리스천 역시 "성공은 하나님께 어떤 모습이어야 하는가?" 하는 질문을 던진다. 대부분의 교회가 전략적으로 계획을 수립할 때, 마태복음 28장 19절을 발견하게 된다. "가서 제자를 삼아"라는 것이다. 그리고 하나님 나라에서 제자도가 어떤 모습인지 알기 위해 마태복음 25장을 보게 된다.

예수님은 하나님 나라에서 성공한 사람들로 여겨질 사람들의 이야기를 해주셨다. "와서 하나님 나라를 유업으로 받으라. 나는 주리고 목말랐었다. 나는 나그네 되었고, 헐벗었고 감옥에 있었다. 그런데 너희는 그것에 대해 무언가를 했다. 그들이 우리가 언제 이 일을 했느냐고 묻자 예수님이 대답하셨다. 지극히 작은 자 하나에게 한 것이 곧 내게 한 것이다"(마태복음 25장 34-40절을 보라).

리더십은 사람을 움직이는 능력, 사람들의 정신과 마음과 행동을 바꾸는 능력이다. 그런 변화를 나타내는 헬라어는 메타노이아(Metanoia)이다. 성경에서는 그 말을 '회개하다'라고 번역한다. "회개하라 천국이 가까이 왔느니라"(마 3:2)와 같은 말이다. 크리스천들은 그런 변혁은 하나님이 주시는 선물이라고 믿는다. 그것은 단지 한 번만 일어나는, 성공 아니면 실패를 가져오는 변화가 아니다. 그것은 '생명'과 동의어다. 죽음에서 생명으로 돌이키는 것이다. 하나님은 성령님을 통해 이러한 변혁을 일으키신다. 그것은 생기를 주는 힘, 인간 존재를 변화시키는 동인이다. 그리고 그것은 호흡하는 것처럼 가까이 있다. 성령(Holy Spirit)은 호흡(Respiration)

에 해당하는 말이기 때문이다. 세상 사람들은 단체 정신(team spirit)이라는 말에서처럼 소문자 's'를 사용해서 이 말을 하거나 영감(inspiration), 혹은 열망(aspiration)이라는 말을 할 때 이러한 개념을 빌어온다.

기독교 리더십은 노를 젓는 배보다는 돛단배와 더 비슷하다. 크리스천 리더들이 성령을 만들어내는 것은 아니다. 그들은 세상에서 역사하는 성령의 임재를 나타내는 증인이다.

영적 리더십은 모든 조직에 역사하는 힘이 있다는 것을 진지하게 받아들인다. 변화를 이루는 에너지는 리더가 얼마나 힘껏 밀어붙이는가에 좌우되는 것이 아니다. 시간 관리표와 성과 지표를 초월하는 다른 어떤 것이 작용을 한다. 그것이 직업과 소명, 즉 부르심의 차이다.

개인적인 성찰을 위한 **질문**

1. 나는 조직과 언제 갈등을 겪었으며 그것을 어떻게 이겨냈는가? 내가 겪은 갈등은 무엇인가? 그 경험으로부터 다른 사람들에게 가르칠 만한 교훈은 무엇인가?

2. 하루 중 어느 시간, 어느 곳에서 나는 현재의 압력으로부터 가장 자유로운가? 나는 그 시간을 기도와 성경 공부, 특히 미래에 대한 하나님의 약속을 말하는 본문들을 연구하는 데 사용할 수 있을까? 나는 큰 모험이 될 만한 어떤 일을 할 수 있을까? 내가 나의 조직이나 이웃, 혹은 가족을 위해 바라고 열망하는 미래는 무엇인가? 나를 앞으로 끌어당기고 있는 것은 무엇인가?

3. 다른 구성원들이 좋아할 만한 조직의 좋은 소식은 무엇이 있을까? 나는 우리 모두가 여기서 일했던 것을 자랑스럽게 여길 만한 어떤 일들을 할 수 있을까?

4. 어떤 이미지가 비전에 활기를 불어넣을까? 어떻게 하면 소망과 변혁의 이야기들로 나의 비전에 생기를 불어넣고 그것을 다른 사람들과 함께 나눌 수 있을까?

5. 내가 인도하는 사람들을 위해 마지막으로 기도한 것은 언제인가? 주위 사람들의 이야기, 소망, 열망들을 나는 얼마나 잘 이해하고 있는가? 나는 우리가 공동으로 열망하는 미래를 어떻게 이루어낼 수 있는가?

CHRISTIAN LEADERSHIP CHALLENGE 05

변화의 과정에 도전하라

리더의 일은 변화를 이루는 것이다. 현상 유지란 받아들일 수 없다. 리더는 변화하고, 성장하고, 개선할 수 있는 혁신적 방식을 찾아보면서, 기회를 추구한다. 그들은 주도권을 쥐고 일을 성사시킨다. 그리고 리더들은 자기들만 좋은 아이디어를 갖고 있지 않다는 것을 알기 때문에, 창조적으로 새로운 일을 할 만한 외부 환경을 끊임없이 세밀히 살핀다.

당신은 한 번 큰 걸음을 내딛음으로써 여기에서 내일로 갈 수는 없다. 비범한 일들은 한 번에 한 단계씩 이루어진다. 리더들은 끊임없이 작은 승리를 쌓고, 실수를 통해 배우며, 실험하고 모험을 한다. 그리고 끈질긴 반대와 불가피한 좌절들에도 불구하고, 리더들은 계속해서 새로운 것을 추구해나갈 용기를 보여준다.

○
"너희 중에 큰 자는 너희를 섬기는 자가 되어야 하리라
누구든지 자기를 높이는 자는 낮아지고 누구든지 자기를 낮추는 자는 높아지리라."
마태복음 23:11-12

"네가 너를 위하여 큰 일을 찾느냐."
예레미야 45:5 상

어떻게 과정에 도전할 것인가?

● ● ●

패트릭 렌시오니(Patrick Lencioni)

　세상을 변화시킬 리더를 찾고 있다면, 당신은 어떤 자질들을 꼽을 것인가? 용기와 지성은 분명 첫째가는 자질이 될 것이다. 카리스마도 아마 목록에 들어갈 것이다. 심지어 창의성도 들어갈 것이다.

　그러나 이러한 특징들만큼 중요한, 심지어 필수적인 것으로 먼저 두 가지를 꼽아야 할 것이다. 특히 크리스천 리더를 생각할 때 더욱 그렇다. 사실상, 리더십에 대한 연구를 하면서, 나는 용기 있고, 지성적이며, 카리스마 있고, 창의적인 사람들을 많이 만났다. 하지만 그들 가운데 내가 생각하고 있는 두 가지 자질을 갖고 있는 사람들은 거의 없었다. 그것은 겸손함과 인내. 무슨 말인지 구체적으로 살펴보기로 하자.

　대학을 졸업했을 때, 나는 다른 많은 사람들처럼 세상을 변화시키고 싶어 하는 젊은이였다. 뭐라고 불러도 좋지만, 나는 전통적 지혜에 반항하고, 현상과 대결하며, 변화의 과정에 도전하기로 결심했다. 당시 나는 이러한 숭고한 열망들이 고상한 것이라 확신했다. 그러나 내 생각이 틀렸다. 대학 졸업 후 나의 열심에는 두 가지 문제점이 있었다. 첫째로, 내가 어떤 종류의 변화를 일으키고 싶은지 구체적인 개념이 없었다. 그리고 그 문제

뒤에 감춰진 더 큰 문제가 있었는데, 그것은 다른 무엇보다도 세상을 변화시킴으로 인해 나 자신이 인정받는 데 더 큰 관심이 있었던 것이다.

내가 만약 먹으면 모든 것을 자백하게 되는 약을 잔뜩 먹고, 세상에서 변화시키고 싶은 분야 하나를 골라야 했다면, 나는 아마 이렇게 말했을 것이다. "어느 분야든 전혀 상관없어요. 뭔가 독특한 것이고 내가 그로 인해 명성을 얻기만 한다면 말이지요." 내가 원했던 변화는 세상에 관한 것이 아니었다. 그것은 나에 관한 것이었다.

세상을 변화시키고자 하는 나의 마음에는 또 한 가지 문제가 있었다. 그것도 첫 번째와 마찬가지로 중요한 것이었다. 두 번째로 자백 약을 주입받는다면, 나는 세상을 변화시키려는 나의 마음에 한계가 있음을 인정할 것이다. 나는 변화를 이루기는 원했지만, 도중에 받을 수 있는 고통에 대해서는 별로 심각하게 생각해보지 않았다. "물론, 약간 힘든 일은 해낼 수 있어. 어쩌면 심지어 일시적인 재정적 좌절도 말이야. 하지만 진짜 고난은? 당혹스러움은? 사랑하는 사람에게 거부당하는 것은? 됐어. 그렇게 큰 변화는 원치 않아."

세상을 변화시키는 과정에 도전을 하고 문제에 착수하기 전에, 크리스천 리더는 두 가지 질문을 던져야 할 것이다. "나는 정말로 누구를 섬기고 있는가?" 하는 것과 "나는 고난을 받을 준비가 되어 있는가?" 하는 것이다. 내가 대학 졸업 직후 이런 질문들을 스스로에게 던졌다면, 어떤 과정도 도전할 준비가 되어 있지 않았다는 것을 깨달았을 것이다.

질문 1. 나는 누구를 섬기고 있는가?

묘하게도, 대부분의 사람들은 세상을 변화시키는 리더는 뻔뻔하고 철면피 같을 필요가 있다고 생각한다. 하지만 진정한 변화를 이루는 길은 인정이나 자아, 교만, 심지어 자기보호 본능 등과는 상관없이, 겸손하게 변화를 이루는 것뿐이다. 물론 예수님은 이러한 겸손에 대한 궁극적 모범이셨다.

첫째로, 그분의 사명은 자신을 섬기는 것이 아니었다. 그분은 자신의 말씀과 행하신 일을 자랑거리로 내세우지 않으셨다. "내가 너희에게 이르는 말은 스스로 하는 것이 아니라 아버지께서 내 안에 계셔서 그의 일을 하시는 것이라"(요 14:10).

예수님은 자신이 행하신 기적을 가지고 이 세상의 영광을 구하지 않으셨다. 심지어 자신이 병을 고쳐준 사람들에게 종종 다른 사람들에게는 말하지 말라고 당부하셨다. 그분은 또한 부유하고 유명한 사람들을 위해 설교하거나 그들과 함께 살지 않으시고, 오히려 가난하고 병들고 거부당한 사람들과 함께하셨다. 나는 예수님이 "나는 누구를 섬기고 있는가?"라는 질문에 두 가지 명료한 대답을 하셨을 거라고 생각한다. "내 아버지와 그분의 백성."

최근에 나는 겸손하고 헌신적인 리더십에 대한 강력한 모범을 삶에서 경험했다. 그것은 예기치 않은 곳에서였다. 지난 수년간 나는 미국 소망성취재단(Make a Wish Foundation) 이사로 섬기는 특권을 누렸다. 그 재단은 사람들이 소망과 힘과 기쁨을 풍성하게 경험하도록 하기 위해, 의학적으로 생명의 위협을 받는 어린아이들의 소원을 들어주는 대단히 훌륭한 기관이다. 이사회에서 나의 자리는 케빈 워트맨(Kevin Wartman)이 만들어 주었다. 그는 아직 임기 6년을 다 채우지 않은 조용한 크리스천이었다.

재단에서 비교적 신참에 속하는 나와는 달리, 케빈은 소망성취재단의 자원봉사자로 시작해 아이다호의 소망성취 이사회까지 오랜 세월 자신의 삶을 헌신해왔다.

케빈은 자신의 일에서 성공을 거두기는 했지만, CEO들이 유명한 회사의 이사가 되어달라고 요청할 정도의 사람은 아니었다. 유명한 재단의 전국 이사가 되는 것은 오랜 세월 헌신적으로 열심히 일해온 그에게는 명예이자 특권이었다. 당연히, 그로 인해 케빈은 그가 속한 지부와 지역사회에서 만족과 명예를 누렸다.

재단의 규모와 인식이 커져감에 따라 이사회는(케빈을 포함해서) 보다 명확한 입장을 가진, 보다 통일된 모델에 가깝게 이사진을 구성하기로 결정했다. 나는 CEO들 및 그들의 회사를 대상으로 일하고 있었기 때문에, 후보자가 되었다. 하지만 이사회에는 내가 들어갈 만한 결원이 없었다. 그때 케빈은 자진해서 물러났다.

그가 이와 같은 결정을 내린 것은 가족들과 더 많은 시간을 보내고 재단의 일은 줄이기 위함이 아니었다(나는 그것을 안다. 그는 이후로도 계속 자청해서 자신의 시간과 에너지를 들였기 때문이다). 또한 이사회의 일에 흥미를 잃어서도 아니었다. 케빈은 동료들과 일하는 것을 아주 좋아했다. 케빈이 너무나도 귀하고 개인적으로 의미 있는 것, 그가 오랜 세월에 걸쳐 성취한 것을 희생한 데에는 단 한 가지 이유만 있었다. 그것이 조직과 궁극적으로는 재단이 섬기는 아이들에게 가장 유익이 된다고 믿었기 때문이다.

나는 이제껏 유명하고 카리스마 넘치는 수많은 리더들과 일을 해왔다. 하지만 그들 가운데 리더로서 케빈보다 더 내게 심오한 영향을 끼친 사람은 아무도 없었다. 그는 다른 사람들의 필요를 우선으로 삼고, 더 큰 선을 위해 자신을 희생하고 섬기는 것이 얼마나 큰 힘을 지니고 있는지를 말이 아닌 행동으로 보여주었다.

사명에 복종하는 것은 크리스천 리더로서 갖추어야 할 최고의 자질이다. 변화의 과정에 도전하는 유일한 이유는 그리스도를 섬기기 위함이다. 우리가 하려는 일보다 우리 자신을 더 중시할 때, 선교에 대한 그리고 궁극적으로는 그리스도에 대한 초점을 축소시키게 된다.

정치계에는 언제나 겸손함의 문제로 싸우는 리더들이 널려 있는 듯하다. 최근에 나는 국회의 투표, 청문회, 그 외 다른 공공 복지 행사 등을 방영하는 비영리 텔레비전 방송인 C 스팬(C-Span)을 잠시 보았다. 나는 대단히 오랜 기간 국회에서 일했던 한 국회의원이 청문회를 진행하면서, 위원회 증인으로 소환받은 한 시민을 훈계하고 있는 것을 지켜보았다.

텔레비전의 소리를 줄여놓았기 때문에, 무슨 말을 하고 있는지 들을 수는 없었다. 하지만 나는 이 국회의원이 얼마나 힘차고 확신에 가득 차 있는 것처럼 보였는지는 기억한다. 그 후 텔레비전에 자주 등장하는 이 사람을 볼 때마다 그는 언제나 그날처럼 힘차고 확신에 가득 차 있었다. 그는 마치 자기 앞에 있는 사람들을 보고 언제나 깜짝 놀라면서 그들을 훈계하고 생색을 내는 듯이 보였다. 마치 부모가 고집 센 자녀를 꾸짖는 투였다.

나는 이 사람을 그다지 좋아하지 않는다. 그는 변화의 투사이자 현상 유지의 적이 되기로 결심한 듯했다. 그때 나는 어떤 사람이 유명해지기 위해, 모든 과정과 현상에 끊임없이 도전할 수도 있다는 사실을 깨달았다.

쟁점마다 똑같은 격분과 열정을 자아낼 수는 없는 일이다. 내가 좋아하는 말이 있다. "모든 것이 중요하다면, 아무것도 중요하지 않다." 우리가 도전할 문제를 너무 열심히 찾고 있다면, 도전의 내용보다는 도전 그 자체를 좋아하는 것일 수 있다. 제임스 쿠제스와 베리 포스너는 이 문제에 대해 매우 분명하게 말한다. "리더십은 도전을 위한 도전이 아니다."[1] 중요한 것은 과정에 도전하는 사람이 아니라, 도전을 받는 과정과 내용이다.

또 다른 국회의원이 생각난다. 그 역시 대단히 오랫동안 법률을 제정하는 일을 해왔다. 그리고 이따금 텔레비전에 나온다. 하지만 그는 한 번도 흥분하거나 격분한 것처럼 보인 적이 없다. 그는 조용한 전문가로서 다른 사람들이 앞에서 주목을 받아도 충분히 행복해한다.

나는 확실히 현란한 행동을 과시하는 첫 번째 국회의원보다는 조용하고 침착한 두 번째 국회의원에 더 끌린다. 하지만 그가 너무 자신을 자제하는 것에 약간 신경이 쓰인다. 그는 국회의원으로 일하는 동안, 국가의 안전에 영향을 미치는 중대한 문제들에 대해 철저한 지식과 연구에 기초해서 반론을 일으키고 대중의 인기를 얻지 못하는 수많은 의견들을 주장했으며, 보통 결국에 가서는 그의 의견이 옳다는 것이 입증되었다. 그러면서도 그는 동료들이 자신의 생각을 지지해주지 않을 때도 당황해하는 경우가 절대 없는 듯했다. 그러나 그 결과 그는 그의 경험과 지식과 지성에 비해서 국가와 의회에 지대한 영향을 끼치지 못하고 있다.

그래서 나는 그가 너무 단호하여 사람들의 보편적 지지를 받지 못하며, 때문에 그가 더 큰 소리로 자신의 의견을 외치지 못하는 것이 아닌가 하는 생각이 든다. 그것은 크리스천 리더들에 대한 두 번째 질문으로 이어진다.

질문 2. 나는 고난받을 준비가 되어 있는가?

세상을 변화시키기 위한 대가를 치르는 문제에서, 그리스도는 그 값을 전부 다 치르셨다. 그분은 십자가에서 죽으셨을 뿐 아니라, 또한 그 과정에서 진짜 인간으로서 고통, 고난, 거부, 조롱을 받으셨다. 때로 나는 이것이 의미하는 바를 간과하기가 쉽다고 생각한다.

몇 년 전 성금요일 의식을 거행하던 도중, 한 여성이 예수님이 어떻게 돌아가셨는지에 대한 의학적 소견을 밝힌 글을 읽었다. 즉, 그분이 겪은 죽음에 기초해서, 그분이 견디셔야 했을 구체적인 육체적 고통에 대해 읽은 것이다. 가시로 면류관을 쓰셨다. 채찍에 맞으셨다. 침뱉음을 당하셨다. 무거운 십자가를 지고 가도록 강요당하셨다. 손과 발에 구멍이 뚫린 채 나무에 고정되셨다. 창으로 찔림을 당하셨다. 그분의 폐는 액체로 가득 찼다. 도저히 상상할 수 없는, 몹시 참기 어려운 고통이었다.

상상할 수 없는 육체적 고통을 넘어, 예수님은 우리라면 감당할 수 없는 조롱과 공개적인 굴욕이라고 여길 만한 것도 참아내셨다. 가장 거룩하신 분이 땅에 끌려가고, 대중 앞에서 옷이 벗기우고, 침뱉음을 당하며, 가족 앞에서 병사들에게 조롱을 당하고, 심지어 함께 십자가에 달린 강도들에게까지 조롱을 당하셨다. 이 장면을 있는 그대로 한번 그려보라.

예수님은 가장 잔인한 형태의 고난을 견디심으로써 세상을 변화시키셨다. 대부분의 사람들은 그분과 같은 고통을 생각조차 해보지 못하지만, 그렇다면 그것과는 비교도 안 될 작은 고난쯤은 견딜 각오가 되어 있는가?

어렸을 때 나는 거대한 세력에 맞서 싸워 이긴 크리스천들에 대해 읽고 배우는 것을 좋아했다. 세례 요한, 베드로, 바울, 잔다르크, 성 토마스 무어 같은 성인들이다. 미국 역사에 나오는 다른 크리스천들도 있다. 이를테면 에이브러햄 링컨, 마틴 루터 킹 등 틀에 맞는 사람들이다. 나는 언제나 이런 사람들이 용감하고 영예로운 삶을 살았다고 생각했다. 분명 앞으로도 칭찬과 인정을 받을 만한 그런 삶이라고 여겼다.

하지만 나이가 들면서 나는 이들 각자가 종종 역사책에서 그럴싸하게 얼버무리는 몇 가지 비극적 운명을 공유했음을 깨닫게 되었다. 첫째로 가장 분명한 것으로, 그들은 모두 자신들의 대의로 인해 죽임을 당했다. 하지만 아마 더욱 중요한 것은 그들이 모두 때때로 미움을 당했다는 것일 것이다. 적들에게뿐 아니라, 그들이 섬기려 애쓰던 사람들에게도 말이다. 그리고 분명, 그들을 지지하던 사람들은 그들이 자신과 다른 사람들에게 타협 없는 요구를 하는 것에 지쳤을 것이다.

그럼에도 나는 언제나 그들이 스스로 이렇게 말하면서 그런 어려움들을 극복했을 거라고 상상한다. "아, 이건 별거 아냐. 결국 언젠가 난 유명해질 거고 내가 하고 있는 일 때문에 사람들은 감탄을 할 거야. 그럴 만도 하지. 게다가 내가 정말 관심을 갖고 있는 사람들은 여전히 나를 지지하고 있어."

하지만 사실은 이 가운데 많은 사람들은 그들의 대의가 궁극적으로 승리하리라는 것을 알기 전에 죽었다. 그들에게는 자신들의 노력이 이 땅에서 보상받으리라는 아무런 보장이 없었다. 심지어 자기가 사랑하는 사람들조차 그렇게 생각했다. 위대한 지도자들 가운데 많은 사람들은 끝까지 유명해지지 않았다. 그들은 자신의 일에 실패한 채 외롭게 죽었으며, 죽은 지 한참 후에야 영향력을 발휘했다. 그리고 그때조차 그들에게 어떤 영예도 주어지지 않을 것이다. 그렇다면 그들은 실패했는가? 물론 아니다. 하지만 세상의 기준으로 그들은 어떻게 평가되었는가?

도전에 직면한 문제를 견디라

다행히, 이 책을 읽고 있는 사람들은 도전을 추구하다가 고문을 당하거나 죽임을 당할 가능성은 별로 없을 것이다(세상에는 아직도 그럴 가능성을 가진 사람들이 많다는 것을 기억해야 한다). 우리는 비교적 평화로운 환경에서 일하는 복을 받았지만, 우리도 대단히 실제적인 고난의 도전을 받는다. 우리는 경영자에게 해고를 당할 수도 있고, 아랫사람 앞에서 망신을 당하거나 동료들에게 조롱을 당할 수도 있다. 이런 것들은 모두 우리의 자존감에 상처를 남긴다.

우리는 이러한 가능성에 어떻게 대비해야 하는가? 제임스 쿠제스와 베리 포스너는 심리적 꿋꿋함에 대해 말한다. "꿋꿋한 태도를 갖고 있는 사람들은 변화와 모험, 혼란, 삶의 긴장 등을 무난히 해결해나간다. 그들은 스트레스가 많은 사건을 만날 때, 예측 가능하게 행동한다. 그들은 그 사건을 매력적인 것으로 여기며, 그들이 결과에 영향을 끼칠 수 있다고 확신하고, 그것을 발전의 기회로 본다."[2]

하지만 리더들이 실제로 고난의 가능성에 직면할 때 어떻게 꿋꿋할 수 있는가? 크리스천 리더는 우리가 눈앞에 보이는 개인적 유익이 아니라 궁극적으로 구원을 위해 애쓰고 있다는 것을 알 때 그렇게 될 수 있다. 예수님은 제자들에게 이렇게 물으실 때 꿋꿋하길 원하신 것이다. "또 너희

중에 누가 염려함으로 그 키를 한 자라도 더할 수 있느냐?"(눅 12:25). 그리고 그분은 세상을 변화시키는 과정에서 특정한 고난을 직면했을 때를 위해 이렇게 말씀하셨다. "어떻게 무엇으로 대답하며 무엇으로 말할까 염려하지 말라 마땅히 할 말을 성령이 곧 그 때에 너희에게 가르치시리라"(눅 12:11-12).

십자가의 성 바울(St. Paul of the Cross) 사제는 다음과 같이 말하면서 예배자들에게 꿋꿋할 것을 명했다. "일어나는 모든 일을 너희를 사랑하시는 하나님의 손에서 오는 것으로 여기라. 이렇게 하면 모든 시련이 평화와 기쁨의 원천이 된다. 하나님은 짐이 아니라 오히려 위안, 기쁨, 즐거움의 원천이 되실 것이기 때문이다." 이 말은 어렵고 심지어 순진하게 들릴지 몰라도, 그것이 바로 예수님이 우리에게 행하라고 명하시는 것이다. 우리 혼자서는 그렇게 꿋꿋할 수 없지만, "하나님으로서는 다 하실 수"(마 19:26) 있다.

겸손과 고난을 넘어서

진정 더 큰 선을 이루려는 동기를 갖고 있고, 그러면서 기꺼이 고난도 감수하려 하는 보기 드문 리더들에게는, 분명 큰 영향력을 행사하게 만드는 다른 많은 것들이 있다. 첫 번째는 다른 사람들을 도전에 참여시키는 것이다. 그것을 가장 잘 할 수 있는 방법을 살펴보기 전에, 어떻게 하면 적절한 사람들을 참여시킬 수 있는지 살펴보는 것이 좋을 것이다.

짐 콜린스(Jim Collins)는 「좋은 기업을 넘어 위대한 기업으로(Good to Great, 김영사)」에서 "적절한 사람들을 버스에 태우는 것"[3]이 중요하다고 말한다. 그는 심지어 이것이 조직을 변화시키는 가장 중요한 판단 기준이라고 말하기까지 한다. 분명, 사람들을 모아 세상을 변화시킬 팀을 만들려는 리더의 경우도 마찬가지일 것이다. 물론 문제는 어떤 사람이 그 부류에 드는지를 판단하는 기준과, 그들이 그런 부류에 들지 않는다면 어떻게 적절히 변화시킬 것인가 하는 것이다.

나는 리더들이 적절한 사람을 버스에 태우려 할 때 두 가지 기본적인 실수를 저지른다는 것을 발견했다. 첫째, 그들은 팀원들을 잃고 싶어 하지 않는다. 하지만 팀의 현상 유지가 바람직한 결과보다 더 중요할 수는 없다. 게다가, 변화는 종종 필요하다. 제임스와 베리는 팀 발전의 측면을 이렇게 설명한다. "제품과 마찬가지로, 팀도 수명이 있다. 느슨해진 팀이라면 새롭게 될 필요가 있다."4 이것을 감수하는 것은 대단히 중요하다.

종종 보게 되는 두 번째 실수는 팀의 구성원을 바꾸는 것에 대해서는 긍정적이지만, 자신들의 평가 대상에 대해 '옳다' 혹은 '틀렸다'를 잘못 추정하는 것이다. 다시 말해, 그들은 사람들의 적성을 평가하는 데 너무 많은 에너지를 들이며, 그들을 참여시키는 데는 에너지가 모자라다.

도전이 모든 사람에게 의미 있는 것이 되려면 그들이 도전과 관련된 기회를 많이 가질 수 있어야 한다. 어떤 팀원이 제대로 동기부여가 되었는지 확실하지 않거나, 심지어 의심스럽다면 리더는 솔직하게 터놓고 분명하게 말하는 것이 좋다. "나는 우리 팀이 도전하고 있는 일에 대해 대단한 열정을 갖고 있습니다. 그리고 팀원 모두 그런 열정을 공유하기 원합니다. 여러분이 그것을 나와 똑같이 보고 똑같이 느껴야 한다는 말이 아닙니다. 우리는 서로 다르기 때문이지요. 하지만 헌신은 있어야 합니다. 이것에 대해 이야기하고 완전히 이해한 후에도 개인적으로 흥미를 느끼지 못하거나 마음이 동하지 않는다면 상관없습니다. 그 점을 확실히 하고, 여러분의 마음을 뜨겁게 하는 다른 조직이나 주제를 찾아보도록 합시다."

그들이 이런 메시지를 들은 후, 도전에 참여하기로 결정한다면 더할 나위가 없을 것이다. 만약 그들이 당신이 원하는 정도의 열정과 에너지를 갖고 헌신할 수 없다고 결정한다면, 대부분 비통함이나 분개하는 마음 없이 탈퇴할 것이다. 불가피하게 쓰라림과 분개하는 마음을 느끼면서 팀을 나가게 되는 경우라도, 당신은 그 사람에게 버스에 탈 수 있는 기회를 공정하게 제시했다는 것을 알 것이다. 기억하라. 당신이 정말 다른 사람들을 섬기려는 생각으로 일을 하는 것이라면, 버스에 탄 모든 사람이 헌신하도록 하는 것은 당신 자신, 당신의 팀, 당신이 섬기고 있는 사람들의 몫이라는 것을.

모험

일단 버스가 꽉 차면, 그 다음에는 어떻게 해야 하는가? 먼저, 모든 사람에게 결과를 분명히 알려주고 모든 사람이 운전하도록 하라. 그렇다. 모든 사람이다. 예수님은 오순절날 제자들에게 이렇게 말씀하지 않으셨다. "좋다. 누가 방언으로 말하기 원하지? 손 들어볼까? 여행에 관심 있는 사람이 누구지? 다른 사람은 없나?" 그분은 반드시 적절한 사람이 버스에 타도록 하시고, 그 다음에는 팀의 각 사람에게 열쇠 꾸러미를 주셨다.

하지만 운전하고 싶지 않다고 주장하는 사람들은 어떻게 해야 하는가? 당신은 그들이 그 모험을 하도록 도와줄 필요가 있다. 어떤 사람들은 좋은 운전사가 되지 못할 것이며, 당신은 그것을 안다. 하지만 당신은 어쨌든 그들이 운전대를 잡고 모험을 하도록 해야 한다. 모험과 실수는 과정에 도전하는 데 일익을 담당한다. 제임스와 베리는 이렇게 말한다. "모험을 하는 것은 필수 불가결하다. 우리가 연구한 사람들은 실수와 실패가 그들의 성공에 얼마나 중요한지 거듭해서 말한다. 이러한 경험들이 없었다면, 그들은 자신들이 열망하는 바를 이루지 못했을 것이다".[5]

그리고 실패하게 될 때 – 언제나 실패는 하게 마련이므로 – 당신은 제임스와 베리가 '진실을 마주하는 순간'이라고 부르는 상황에 직면하게 될 것이다. "리더가 위기를 처리하는 방식은 안정되고 편안한 상황을 처리 방식보다 그들의 진실을 더 잘 말해준다." 위기를 헤쳐나감으로 공동의 목표를 위해 노력하고 있다는 것을 보여주라. 당신의 팀은 쉽게 잊어버리지 않을 것이다. 그리고 만약 리더인 당신의 실수로 위기를 맞았다면, 진실을 마주하는 순간은 특별히 감동적일 것이다.

> 우리는 리더가 자신의 실수에 대해 사과하고 보상해야 한다고 믿는다. 그들의 실수는 불편함과, 손실 그리고 어쩌면 손해를 끼칠 수 있을 것이다… 그러나 우리가 연구한 바에 의하면 실수를 숨기면 훨씬 더 손해를 입을 것이며, 신뢰가 무너져버릴 것이다… 당신은 스스로의 잘못을 인정함으로써, 오히려 신뢰를 확립할 수 있다.[6]

그리고 당신은 비슷한 상황에서 어떻게 처신해야 할지에 대해 당신의 팀에게 강력한 메시지를 보낼 수 있다.

마지막으로, 실수에 열려 있다는 것은 되는 대로 그런 실수들을 저질러도 좋다는 말은 아니다. 제임스와 베리는 리더들에게 "한 번에 너무 많은 것을 이루려 하지 말라. 특히 처음에는 과욕을 버리라. 큰 그룹과 목표들을 응집력 있는 작은 팀과 할 수 있는 과업들로 나누라"7고 권한다. 그리고 점진적 개선의 중요성을 과소평가하지 말라. 마라톤 선수는 42.195킬로미터를 달릴 수 있는 능력이 하루 아침에 생겨나는 것은 아님을 말해준다. 그것은 도전의 과정이다. 주자는 먼저 짧은 거리를 달리기 시작하고, 점차 계획적으로 거리를 늘려나가 마침내 마라톤을 완주하는 것이다. 도전에 직면한 팀들에게도 같은 원리가 적용된다. "초기에 몇 번은 반드시 성공하도록 확실한 계획을 세우라. 처음에 어떻게 해야 할지 모르고 백발백중 실패하는 일에 직면하는 것보다 더 낙심되는 일은 없다."8 성공의 순간은 당신을 비난하는 사람조차 깰 수 없는 힘이 있다.

변화의 과정에 도전함으로써 세상을 더 나은 곳으로 변화시킬 수 있는 리더를 발견하는 것은 쉽지 않다. 사실, 실패와 거부 그리고 고난에 대한 두려움은 죄와 자기 보호를 추구하는 인간의 본성을 생각할 때 그리 놀랄 일도 아니다. 이 모든 것을 제쳐놓고 참된 기독교적 리더십의 요구를 받아들일 수 있는 사람을 발견하기는 매우 드물다. 사실 세상을 변화시키는 일은 세상의 리더를 변화시키는 일만큼 어렵지 않다.

개인적인 성찰을 위한 **질문**

1. 세상을 변화시키기 위해 그 과정에 도전할 때, 자신이 아닌 하나님과 다른 사람들을 위한 것임을 어떻게 확인할 수 있는가?

2. 불가피한 좌절 및 방해 그리고 그에 수반되는 불편함을 견딜 힘과 용기를 어디에서 발견하고 어떻게 유지할 것인가? 나의 실수들과 일시적 실패들에서 나는 어떻게 배울 수 있는가?

3. 내가 미래로 나아갈 때 그 길이 평탄하지만은 않다는 것을 안다. 어떻게 하면 그 길을 작은 단계로 나누어 단계별로 전진하고, 여세를 몰아 끝까지 최선을 다하도록 할 수 있는가?

4. 어떻게 나의 헌신을 공유하는 사람들을 발견하고, 발전시키며, 참여시키고, 그렇지 않는 사람들은 어떻게 사랑으로 배제시킬 수 있는가? 어떻게 하면 다른 사람들이 새로운 것을 시도하도록 도울 수 있는가?

5. 어떻게 하면 사람들이 불가피하면서도, 커다란 배움을 위해 필요한 실수들을 기꺼이 받아들이는 분위기를 조성할 수 있는가?

CHRISTIAN LEADERSHIP CHALLENGE 06

사람들을 행동하게 하라

리더는 혼자 일할 수 없다. 조직에서 비범한 일을 행하려면 파트너가 필요하다. 그래서 리더들은 공동의 목표를 수립하고 신뢰를 구축함으로써 협력을 촉진한다. 그들은 같은 목표를 가진 응집력이 있는 팀을 개발한다. 그들은 상호 의식 및 '우리는 모두 함께'라는 느낌을 촉진한다.

상호 존중은 특별한 노력을 통해 유지된다. 리더는 권한을 나눠주고 선택권을 제공함으로써 다른 사람들의 책임 의식을 키워주며, 각 사람이 유능하다는 자신감을 갖도록 해야 한다. 그로 인해 구성원들은 자존감을 키우고 인간의 존엄성을 유지한다.

○

"이 일이 네게 너무 중함이라 네가 혼자 할 수 없으리라…
능력 있는 사람들… 을 세워… 작은 일은 모두 그들 스스로 재판할 것이니…
그들이 너와 함께 담당할 것인즉 일이 네게 쉬우리라."
출애굽기 18:18, 21-22

"서로 돌아보아 사랑과 선행을 격려하며."
히브리서 10:24

어떻게 다른 사람들을 행동하게 만들 것인가?

● ● ●

낸시 오트버그(Nancy Ortberg)

　윌로우크릭 교회에서 나는 액시스라는 사역을 담당하고 있다. 그것은 열여덟 살에서 스물 몇 살 정도 되는 청년들을 대상으로 하는 주말 사역이다. 여름마다 우리는 액시스 영화 모임이라는 연속 모임을 갖는다. 네 편의 헐리웃 블록버스터 영화를 골라 모임 때마다 하나씩 보여주고, 그 영화의 주제를 기초로 모임을 하는 것이다.

　8월은 언제나 계획을 세우기가 힘든 달이다. 모두가 도시를 떠나 있다. 그래서 우리는 "액시스의 각 분야 사람들이 함께 모여 8월 모임을 위한 브레인스토밍을 하면 어떨까?" 하고 생각했다. 우리는 운영 팀, 행정 팀, 창의 팀, 소그룹 리더 팀 사람들을 모두 모았다. 리더와 예술가들을 한 방에 모아놓아본 적이 있다면, 이미 당신은 일에 치여 있는 셈이다. 어찌어찌해서 우리는 모든 사람을 한 자리에 모아 비전을 나누고 아이디어를 주고받았다.

　그 노력의 결과 우리는 '21-C'라는 5주짜리 프로그램을 만들었다. 그것은 21세기에 어떻게 진정한 믿음을 갖고 살 것인가에 초점을 맞춘 것이었다. 우리는 함께 머리를 맞대고 네 명의 외부 강사 목록을 짰고, 다섯

째 주는 무언가 특별한 프로그램을 위해 비워두었다. 결과적으로, 보통 가장 출석률이 떨어지는 8월로서는 최고의 출석률을 기록했다. 이 모든 일은 우리가 프로젝트에 협력하고 모든 팀이 주인 의식을 갖고 일했기에 가능했다.

첫 번째 주에 셰인 클레어번(Shane Claiborne)이라는 한 젊은이를 세웠다. 그는 마더 테레사와 1년을 보냈고, 지금은 필라델피아에서 '검소한 길(The Simple Way)'이라는 사역을 하고 있었다. 그와 몇몇 사람은 한 버려진 집에서 집 없는 사람들과 함께 산다. 그들은 그 사람들과 함께 법정에 간다. 그들을 먹인다. 그들과 인격적인 관계를 맺는다. 그는 복음서를 보면 교리나 신학보다 가난한 사람들에 대한 교회의 반응이 더 많이 담겨 있다고 말했다.

예배가 끝날 때, 셰인은 말했다. "여러분에게 도전합니다. 저는 오늘 밤 시카고 도심의 빈민 지역에 갈 것입니다. 여러분 가운데 바로 지금 구두와 양말을 벗도록 부름받은 사람이 있는지 묻고 싶습니다. 부름받은 사람이 있다면 우리가 서서 예배를 드리는 동안, 예배당 뒤쪽으로 가서 신발과 양말을 벗어놓기를 바랍니다. 집 없는 사람들이 오늘 밤 그것을 받게 될 것이라고 약속합니다."

우리가 하나님을 예배하는 동안 1,700켤레의 구두가 예배당 뒤쪽에 모아졌다. 그것은 내 생애 가장 놀라운 경험 중 하나였다. 모임 장소 이곳저곳에서 샌들과 신발의 찍찍이 테이프를 떼는 소리를 들을 수 있었다.

주일날 아침 같은 일이 일어났다. 수많은 액시스 교인들이 자기 차를 향해 뜨거운 아스팔트 위를 맨발로 뛰어가고 있었고, 교회에서 나오던 한 노년의 부부가 차를 타고 주차장을 떠나면서 맨발의 아이들을 보았다.

그 광경을 보고 기분이 언짢아진 남편이 창문을 내리고 소리쳤다. "무슨 일이냐?" 한 여자아이가 흥분해서 무슨 일이 일어났는지 말해주었다. 그 남자의 눈에는 눈물이 가득 찼다. "우리도 집에 가서 신발을 가져와야겠군." 우리는 액시스 역사상 가장 놀라운 다섯 주를 보냈다. 그리고 그러한 일이 가능했던 이유 가운데 하나는 우리가 팀으로 협력했다는 데 있다.

세인은 윌로우크릭 교인 모두에게 리더 혼자 그 일을 할 수 없다는 것을 보여주었다. 그는 그날 모두가 협력하면, 한 명 한 명이 홈리스를 입히는 데 기여할 수 있음을 보여주었다. 또한 우리 각자가 변화를 일으킬 수 있음을 보여주었다. "위대한 꿈은 한 리더의 행동을 통해 현실로 실현되지 않는다"라고 제임스 쿠제스와 베리 포스너는 말한다. "리더십은 팀의 노력이다".[1] 리더는 다른 사람들이 행동할 수 있게 하는 것 외에는 다른 선택권이 없다. 사람들은 자신이 신뢰받고 있고, 팀의 일부라고 느낄 때 그리고 책임감이 강하며 유능하다고 생각될 때, 엄청난 일들을 해낼 수 있기 때문이다.

섬기는 리더 예수님

예수님은 협력을 촉진하고 개인의 책임 의식을 키워주는 리더의 완벽한 모범이시다. 많은 사람들은 예수님이 혼자 일하셨던 것처럼 말한다. 그들은 그분의 사역 가운데 많은 부분이 다른 사람들과 협력하여 이루어졌다는 사실을 잊어버린 듯하다.

그분이 자신을 따른 무리와 무엇을 하셨는지 기억하는가? 그분은 오합지졸과 같은 열두 명의 집단 속에 협동과 충성의 의식을 심어주셨으며, 그들을 통해 세상을 뒤집으셨다. 예수님은 불세출의 가장 위대한 지도자라고 불리셨다. 섬기는 리더십을 보여주셨고, 제자들이 팀플레이어가 되도록 만드셨기 때문이다.

예수님의 리더십이 드러난 첫 번째 행동 가운데 하나는 열두 제자를 부르신 것이다. 그분은 열두 제자를 부르심으로 이런 원리를 보여주셨다. "내가 부름받은 일이 지속되려면, 첫 번째 해야 할 일은 그 원리를 그대로 이어받을 수 있는 사람들과 함께 시작하는 것이다." 예수님은 제자들과 단 3년을 보내셨지만, 자신이 떠나도 그들이 계속 잘 해나갈 만큼 준비되리라는 것을 아셨다. 사업계에서는 이것을 팀 구축하기라 부른다. 제임스와 베리는 그것을 협력 촉진이라 부른다.

짧은 3년의 훈련 기간이 끝나가면서, 예수님이 마지막으로 하신 일 가운데 하나는 교회의 열쇠를 베드로에게 넘겨주신 것이다. 내가 만약 예수님이었다면 베드로를 택하지 않았을 것이다. 그는 너무 많은 실수를 했다. 예수님이 갈릴리 바닷가에서 베드로에게 주신 마지막 가르침을 기억하는가? 그분의 질문은 "좋아, 베드로, 다시 정신을 바짝 차리겠나?"가 아니었다. 나라면 그렇게 질문했을 것이다. 대신에 예수님은 단지 이렇게 말씀하신다. "여기에 가장 중요한 질문과 대답이 있다. 베드로야, 너는 나를 사랑하느냐? 만일 그렇다면 내 양을 먹이라." 그렇다. 리더십을 보이신 그분의 첫 번째 행동은 열두 제자를 불러 훈련시키신 것인 반면, 마지막 행동은 떠나기 전에 권한을 넘겨주신 것이다.

모든 성도는 제사장이다

사람들이 행동할 수 있게 하는 것은 새롭게 유행하는 리더십 원리가 아니다. 그것은 모든 성도의 제사장직이라는 성경적 개념에 확고히 뿌리를 박고 있다. 구약에서 하나님이 자신이 창조하신 멋진 장소를 내려다보셨을 때, 그분이 한 작은 나라 이스라엘 그리고 거기서부터 시나이 반도에서 이스라엘 바로 남쪽에 있는 한 사막에 집중하셨다는 것을 보게 된다. 그분은 초점을 더 좁혀 성막이라고 하는 한 장소 그리고 성막의 한 방인 지성소를 보신다. "여기에서 나는 내 백성 가운데 거할 것이다"라고 하나님은 말씀하셨다. 하나님은 이스라엘 민족에서 한 지파인 레위 지파를 택하셨으며, 대제사장 아론의 반열에서 한 제사장을 뽑아 지성소에 들어가게 하셨다. 그 다음에 그분은 1년에 하루, 즉 속죄일을 택하사 한 명이 그 방에 들어가 하나님 임재 앞에 있도록 하셨다.

히브리서는 예수님이 십자가에서 죽으셨을 때 모든 것이 바뀌었다고 말한다. 그 순간, 지성소를 성막의 나머지 부분과 갈라놓았던 휘장이 둘로 찢어졌다. 이 휘장은 우리가 하나님과 분리되어 있음을 나타내는 상징이었다. 그 단 하나의 초자연적 행동이 하나님의 임재를 한 장소, 한 날, 한 사람에게서 모든 곳, 모든 날, 모든 사람에게 열어주었다. 이제 우리 각자는 예수 그리스도를 통해 하나님께 다가갈 수 있다. 마찬가지로, 우리 각자는 지상에서 하나님의 목적을 성취하는 데 담당해야 할 역할이 있다. 예수 그리스도의 부활 이후, 우리 각자는 모두 제사장이 되었다.

요한복음 16장에 나오는 이야기를 생각해보라. 예수님이 제자들에게 자신의 죽음에 대해 말씀하셨을 때, 그들은 슬퍼했고 혼란에 빠졌다. 하지만 예수님은 그들에게 대단히 이상한 말씀을 하셨다. "내가 떠나가는 것이 너희에게 유익이라." 얼핏 보면 이 말은 상처에 소금을 뿌리는 것처럼 보일 것이다. 하지만 예수님은 이어서 지상에서 그분의 육체적 임재는 제한되어 있다고 설명하신다. 하지만 예수님이 가실 때 하나님은 그의 성령을 보내실 것이며, 그 성령은 모든 성도들 안에 거하실 것이라고 말씀하신다. 그것은 그리스도를 신실하게 따르는 모든 사람들이 제사장으로서, 지상에서 주님의 일을 하도록 능력을 부여받는다는 의미다.

하나님을 신뢰하라

팀워크는 사람들이 서로를 신뢰할 때만 생길 수 있다. 리더로서 우리는 자신을 신뢰하는 데 아무 문제가 없다. 거기에 우리는 우리를 신뢰하는 것과 똑같이 다른 사람들을 신뢰하고 그들이 일을 하도록 도와주는 법을 배워야 한다. 우리는 우리의 은사를 북돋우시는 바로 그 하나님이 다른 사람들도 북돋아주신다는 사실을 신뢰해야 한다. 신뢰는 모든 훌륭한 리더의 기초적 요소며, 반드시 획득해야 하는 것이다. 사람들이 개별적으로 최선을 다할 수 있기 전에 당신은 신뢰의 기초를 놓아야 한다.

제임스와 베리는 다음과 같은 말을 했다. "다른 사람들에게 우리의 연약함을 보일 때 신뢰가 형성된다. 설령 그들이 어떻게 행동할지 예측할 수 없고, 그 행동을 제어할 수 없을지라도 마찬가지다."[2] 신뢰는 안전한 사람들에게만 우리의 연약함을 보이는 것이 아니다. 리더는 "나의 안전은 내 마음속에 있다. 나는 하나님을 신뢰하는데, 절대 나를 실망시키지 않을 유일한 분이시기 때문이다"라는 신뢰를 팀 전체에 스며들게 해야 한다. 그렇게 어린아이처럼 하나님을 신뢰하면 주위 사람들이 얼마나 믿을 만한 존재인가에 상관없이 당신은 자신이 안전하다는 것을 알 수 있다. 그것이 리더의 용기다.

리더십에 관한 훌륭한 몇 권의 책을 쓴 맥스 드 프리(Max De Pree)는 나의 비공식적 멘토이시다. 그는 나에게 '질문의 사역(Ministry of Questions)'이라고 부를 만한 것을 가르쳐주었다. 그는 리더로서 질문을 할 때마다, "이것은 팀원 모두가 협력해서 하는 일입니다. 나는 모든 대답을 갖고 여러분에게 온 것이 아닙니다"라고 말한다. 협력은 신뢰를 구축한다.

예수님은 기꺼이 영향을 받으셨다. 그분은 다른 사람들 앞에서 스스로 낮아지셨으며 숨김 없이 투명하게 자신을 보여주셨다. 예수님 또한 다른 사람들에게 많은 질문을 던지셨다. 인간의 육신을 입으신 하나님이 인간에 불과한 존재들에게 질문을 던지시는 것을 생각해보라. 하지만 그렇게 하시면서 예수님은 우리가 인도하는 사람들 안에서 최선의 것을 끄집어내고, 그들 안에 뭔가 지속될 만한 것을 심어주는 것에 대한 모범을 보여주셨다. 자신이 잘못되었음을 인정하는 것, 실수를 인정하는 것, 다른 누군가의 아이디어가 당신의 것보다 더 좋다는 것을 인정하는 것에는 많은 용기가 필요하다. 하지만 솔직히 말해, 리더로서 당신이 정기적으로 팀원들에게 사과를 하지 않고 있다면, 당신은 리더 노릇을 제대로 하고 있지 않은 것이다.

나는 어느 날 맥스 드 프리에게 전화를 걸었다. 나는 무언가에 대해 흥분해 있었다. 그리고 그는 잠시 동안 내가 두서없이 이야기하도록 내버

려두었다. 그 다음에 그는 말했다. "알다시피 낸시, 리더가 옳은 때는 50 퍼센트뿐이야"라고 말했다. 나는 그 말을 듣고 놀라고 말았다. '내가 50 퍼센트만 옳다니! 나는 언제나 옳으려고, 아니 최소한 90퍼센트는 옳으려고 노력하고 있고, 그래서 점점 지쳐가고 있었는데…' 하고 생각했던 기억이 난다. 당신이 지도하는 사람들이 당신의 인간적인 면을 볼 수 있어야 한다. 예를 들어 당신이 '미안합니다' 혹은 '내가 잘못 생각했어요'라고 말할 때 당신은 주춧대(그 위에 서면 당신은 찬탄을 받을 수는 있지만 절대 다른 사람이 다가가거나 감히 필적할 수 없는)에서 내려오게 될 것이며, 그들과 함께 땅에 발을 붙이게 될 것이다. 거기에서 그들은 "그녀가 할 수 있다면, 나도 할 수 있어"라거나 "그가 그것을 작동시킬 수 있다면 나도 할 수 있어"라고 말하게 될 것이다. 그것이 리더십의 능력이다. 하지만 그것은 당신이 조직을 신뢰로 가득 채울 때에만 가능하다.

당신이 당신 조직에서 인간 대 인간으로 신뢰의 분위기를 만들어내지 못한다면 팀원들 스스로 자신의 잠재 능력을 최대한 발전시키지 못할 것이다. 신뢰는 자신을 드러내는 것과 실수를 허용한다. 그리고 훌륭한 리더는 다른 누군가가 이러한 대화를 먼저 시작하도록 기다리지 않는다. 당신이 먼저 "나는 이러한 점에서 부족합니다"라고 말하라. 그 말이 당신을 따르는 사람들에게 어떤 효과를 미칠지 알게 된다면 당신은 놀라게 될 것이다.

당신의 권한을 나누어주라

　어떤 조직이든 리더와 그 리더를 따르는 구성원들만큼만 견고해질 수 있다. 그러므로 리더가 던져야 하는 명백한 질문은 "어떻게 하면 내가 지도하는 사람들의 책임 의식을 키워줄 것인가?" 하는 것이다. 그에 대한 대답은 당신을 놀라게 할지도 모른다. 지혜로운 리더는 권한을 나눠줌으로 사람들의 책임감과 소속감을 강화시킨다. 그들은 자신이 아니라 구성원들을 중심에 놓는다. 또한 다른 사람들을 섬기기 위해 그들의 권한을 사용한다.

　나는 전임 사역을 하기 전에 분주한 병원 응급실에서 간호사로 일했다. 그때 응급실의 한 의사는 매우 훌륭한 리더였다. 그와 같은 교대조에 있을 때면 급박한 응급실 상황이 매우 매끄럽게 돌아가곤 했다. "오늘 나는 팀의 일원이 될 것이다. 나는 무언가를 배울 것이다. 그리고 나는 그로 인해 더 좋은 간호사가 될 것이다"라는 생각이 들었다.

　다른 의사들은 우리에게 무엇을 해야 하는지 말해주고, 우리는 그저 그 일을 할 뿐이었다. 하지만 이 의사는 응급실을 잘 지휘했다. 그는 어떤 일을 지시하는 동안에도 질문을 던졌다. 그는 '왜 우리가 이 일을 하고 있는지' 알기 원했다. 그는 환자를 돌보면서 스태프들에게 "당신 생각은 어때요?"라고 물어보곤 했다. 그는 상황을 제어하지 못하는 적이 거의 없었으며, 조율이 잘된 오케스트라처럼 팀을 지휘했다. 모든 사람을 관여시켰기 때문이다. 응급실에서 그는 분명한 리더였다. 그는 명령을 내렸다. 하지만 종종 사람들의 의견을 구하고, 중요한 정보를 얻었으며, 그 다음에는 그의 생각을 바꾸곤 했다. 나는 그런 리더 밑에서 일하면서 내가 그저 교대조로 일하고 있는 것이 아니라, 생명을 살리고 있다는 느낌을 받았다. 그는 우리에게 중대한 임무를 주었으며, 우리는 그 도전에 응했다. 그는 우리의 이름을 불렀으며, 우리의 의견을 구했다. 그리고 교대 시간이 끝날 때면 언제나 모든 사람에게 감사의 인사를 했다. 그런 리더를 누가 따르지 않겠는가?

사랑을 행동으로 옮기라

내가 윌로우크릭 교회에서 인도하고 있는 액시스 사역은 1년에 한 번 대규모 수련회를 갖는다. 그때는 주말 예배를 중단하고 모든 것을 다 중단시킨다. 이 핵심 구축 수련회를 통해 우리는 새로운 사람들을 융합시킨다. 이 행사를 지휘하는 것은 나의 일이며, 그 일을 하면서 사례비를 받는다. 하지만 지난해 나는 하나님이 이 프로젝트의 지휘권을 다른 사람에게 내어주라고 말씀하신다는 것을 느꼈다.

그리고 기도 중에 보니(Bonnie)라는 자원봉사자가 마음에 떠올랐다. 이 이야기를 보니에게 한다면 기절할지도 모르지만, 나는 그녀에게 엄청난 능력이 잠재되어 있다는 것을 알았다. 나는 직원들에게 이 프로젝트가 진행되는 여섯 달 동안 자원봉사자인 보니가 우리의 리더가 될 것이라고 말했다. "나는 보니에게 전체 수련회 지휘권을 넘겨줄 것입니다." 그들의 얼굴 표정으로 보아 내 말을 도저히 믿지 못한다는 것을 알 수 있었다. 그들은 내가 다시 지휘권을 잡을 것을 기대했다. 하지만 나는 보니가 모임을 소집하고, 인도하며, 프로젝트를 계속 진행시키도록 했다. 보니는 정말 놀라웠다. 그해 수련회의 참석자는 두 배로 늘어났다.

이것은 명백히 나의 자아와 리더십에 대한 도전이었다. 보니가 나보다 더 일을 잘한다는 사실을 받아들여야 했기 때문이다. 나는 모임에서 간사진과 함께 앉아 보니가 벽에 달력을 걸고 전체 과정을 체계화하는 것을 지켜보았다. 그리고 모든 사람이 '낸시는 저렇게 못했을 거야' 하고 생각하는 것을 상상했다. 그들의 생각이 옳다. 나는 그렇게 못했을 것이다. 나는 어떤 것에 대한 비전을 창조해낼 수는 있다. 하지만 세부적인 것들과 날짜들을 정하는 일들이 시작되면 손을 떼버린다. 그래서 나는 이 프로젝트가 진행되는 동안 앉아서 직원들이 자원봉사자의 지도하에 일하는 것을 지켜보았다.

사람들은 의미 있는 일을 할 때 성장한다. 사람들이 더 많은 것을 할 수 있다면, 봉투 붙이는 일만 시키지 말라. 다른 할 일을 찾을 수 없다는 이유로 그들에게 아무 생각 없는 일을 주지 말라. 그들을 향상시킬 수 있는 중대한 일을 주라.

또 다른 예는 윌로우크릭의 자동차 사역이다. 이 사역은 지난해만 해도 싱글맘들에게 1,200대의 무료 자동차를 나누어주었다. 그 사역은 10년 전에 밥(Bob)이라는 사람이 시작했다. 밥은 필요를 탐지해냈으며 그것을 해결하는 방법에 대한 아이디어를 가지고 있었다. 밥은 키가 약 195센티미터 정도 되었으며, 온몸이 문신으로 덮여 있었다. 어느 주일날, 예배 후에 그는 강당 앞으로 나와서 빌 하이벨스(Bill Hybels) 목사님과 이야기하기 위해 줄을 서서 기다렸다.

"저는 약 여섯 달 동안 이 교회를 다녔는데, 제 삶이 변화되었습니다." 그는 빌 목사님에게 말했다. "보답을 하고 싶습니다."

빌은 그의 말을 진지하게 받아들였다. "무엇을 하고 싶으신가요?"

"글쎄요. 제가 뭘 할 수 없는지는 알지요." 밥은 말했다. "저는 목사님처럼 설교는 하지 못해요. 제가 할 줄 아는 일이라곤 정비일 뿐이죠. 오늘 교회에 오면서 저는 이 교회에 좋은 차를 몰고 오는 부자들이 많다는 것을 알아차렸습니다. 또한 낡은 차를 타는 가난한 사람들도 보았습니다. 그중 많은 사람들이 싱글맘이었습니다. 그래서 저는 생각해봤습니다. 우리가 한 달에 한 번씩 자동차를 정비해주고 목사님은 뒷마당에 있는 헛간을 제가 사용하게 해주시면 어떨까요? 목사님이 광고를 해서 싱글맘들이 자기 차를 가지고 오도록 하고, 좋은 차를 몰고 오는 사람들에게 돈을 좀 기부하도록 하면요. 그 돈으로 부품을 사고 제가 차를 고치겠습니다."

처음에는 하나의 간단한 아이디어였으나 리더가 그것을 진지하게 받아들이면서 그 사역을 통해 우리 교회는 그 지역에서 독특한 존재가 되었다. 그 결과 윌로우크릭은 가난한 사람들을 돌보는 곳으로 알려지게 되었다. 그런 행동하는 사랑은 말로는 절대 할 수 없는 방식으로 사람들에게 영향을 끼친다.

달란트 탐지기를 개발하라

달란트 탐지기 개발은 권한을 나누어주는 또 다른 방식이다. 당신은 중요한 임무를 아무렇게나 나누어주지는 않을 것이다. 그것은 적절한 사람에게 나누어주어야 한다. 그러기 위해서 당신은 리더로서, 당신 팀의 각 사람이 어떤 강점을 갖고 있는지 파악해야 한다(교회에서는 이것을 영적 은사라고 부른다). 사람마다 달란트가 다르다. 달란트 전문가가 되라. 사람들이 상황에 반응하는 방식을 잘 보면 그 사람의 달란트를 알 수 있다. 그러한 단서들은 그들이 어떤 점에서 강점을 갖고 있는지 정보를 제공해준다. 예를 들어, 행정에 은사가 있는 사람은 문제를 처리 가능한 요소들로 세분화하는 것에 대해 생각했을 것이다. 모든 방법을 동원해서 다른 사람들에게서 개인의 강점들을 탐지해내는 것을 배우라. 강좌를 듣고, 책을 읽고, 세미나 등에 참석하라.

전(前) 미국 대사며 「부르심으로서의 일(Work as a Calling)」의 저자인 마이클 노박(Michael Novak)은 이렇게 말한다. "어떤 사람이 정말로 잘하는 것이 무엇인지 탐지해내는 방법 중 하나는 그들이 어떤 일을 할 때 즐거워하며 새로운 에너지를 느끼는지 보는 것이다."[3] 자신이 영적 은사를 지닌 분야에서 일하는 사람들은 새로운 에너지를 느낄 것이다. 그들은 그 일을 통해 활기를 찾게 될 것이다. 그들의 은사에 해당되는 임무를 부여하면, 그들은 "이런 일이라면 영원토록이라도 할 수 있을 거예요"라고 말할 것이다.

권한을 나눠줄 때 전체 구성원 가운데 한 사람이라도 간과되지 않도록 주의하라. 모든 사람은 은사를 갖고 있다. 그들은 그것을 알지 못할 수도 있다. 그리고 때로 리더의 일은 그들이 스스로 그것을 보기 전에 먼저 그들에게서 그것을 보는 것이다.

성경에서 내가 좋아하는 본문 가운데 하나는 사무엘상에 나온다. 선지자 사무엘은 하나님이 사울에게 이제 그의 일이 끝났다고 공표하기 전에 이스라엘의 새 왕을 왕위에 앉히라는 지시를 받았다. 사무엘은 불안했다. 그러자 하나님은 이렇게 말씀하셨다. "네가 할 일은 내려가서 그에게 기름을 붓는 것뿐이다. 그러고나면 너는 떠나도 된다." 사무엘은 순종하기로 결심했다. 그래서 그는 이새의 집으로 갔고, 이새는 그 선지자 앞에 자기 아들들을 정렬시켰다. 사무엘은 첫 번째 아들이 하나님이 택하신 사람이라고 확신했다. 외모로 보면 그는 타고난 리더였다. 키가 크고 체격

이 건장했던 것이다. 하지만 사무엘의 마음속에서 작은 음성이 들렸다. "이 사람이 아니다." 그리고 그 음성은 이새가 모든 아들을 그 앞으로 지나가게 할 때마다 반복되었다. 마침내 사무엘은 격앙되어 이새에게 "다른 아들이 없느냐?"고 물었다.

이새는 머리를 긁적이면서 우물쭈물 대답했다. "막내 다윗이 있긴 하지만, 들에서 양과 함께 있습니다."

그때 사무엘의 대답이 재미있다. "그가 여기 오기까지는 우리가 식사 자리에 앉지 아니하겠노라." 나머지 이야기는 역사가 말해준다.

사람들의 은사를 격려하라

적절한 사람들에게 중대한 임무를 맡긴 후에, 리더로서 당신이 할 일은 그들의 성품과 능력을 개발하는 것이다. 그렇게 하려면 당신 편에서 시간과 에너지를 투자해야 한다. 그리고 그러한 투자는 다른 사람들을 행동하게 하는 다른 리더십 측면과 마찬가지로 긍정적인 결과를 낳는다.

액시스를 이끌던 첫해에 나는 짐(Jim)이라는 카리스마 넘치는 사람을 만났다. 그는 굉장한 사람이었다. 그는 사람들에게 영향을 끼쳤고, 사람들은 그에게 몰려들었다. 짐은 너무나 액시스 사역에 관여하고 싶은 나머지, 나를 닦아세우면서 사역에 대한 자신의 모든 아이디어를 나에게 말하곤 했다. 나는 그를 대단히 좋아했지만 그에 대해 불편한 느낌을 가졌다. 어쩐지 나는 그가 에너지나 새로운 일이 있는 곳을 찾아 이리저리 떠돌아다니는 유형의 사람일지도 모른다는 생각이 들었다.

나는 그에게 말했다. "이렇게 한번 해보죠. 지금부터 여섯 달 후, 당신이 여전히 이 일에 관심이 있는지 보도록 합시다. 그때도 관심이 있다면 함께 이야기를 나누어보지요." 오늘날까지도 나는 내가 왜 그렇게 말했는지 모른다. 직관이라고, 육감이라고 해두자. 짐은 시간이 한참 흐른 뒤에 그때 내가 했던 말 때문에 우리 사역을 떠날 뻔했다고 말했다. 그는 나에게 화가 났지만, 하루 이틀이 지나자 내가 무엇을 하고 있는지 깨달았다. 나는 그가 고아한 성품을 지니고 있는지, 즉 그가 인내심을 갖고 기다릴 것인지 알고 싶었다. 나는 장기적으로 사역을 할 리더들을 개발할 필요가 있었기 때문이다.

나는 여섯 달 동안 짐을 곁눈으로 보면서 지나가는 말로 인사를 하는 것 외에는 전혀 아무 말도 하지 않았다. 나는 그가 각광을 받지도 않고 사람들의 주목을 받지도 않은 채 조용히 끈기 있게 섬기는 것을 지켜보았다. 그는 옳은 일을 했다. 올바른 이유로 그렇게 했다. 그리고 그는 충분히 오랜 시간 그렇게 했다. 결국 나는 그를 인정했고, 우리 팀의 일원으로 받아들였다. 현재 짐은 액시스의 중요한 두 분야를 맡고 있으며, 그 분야는 그의 리더십을 통해 발전하고 있다.

성품과 유능함을 속성으로 만들어낼 수 있는 길은 없다. 리더로서 당신이 할 일은 "시간이 가면서, 당신이 이 중대한 일을 이끌어갈 때, 나는 당신을 지켜보고 성품과 유능함에 대해 이야기를 할 것입니다. 동시에 나는 당신을 격려할 것입니다. 그리고 당신의 성품과 능력을 개발하기 위해 최선을 다할 것을 약속합니다. 당신 안에 내가 개발할 수 없는 뭔가가 발견된다면, 도울 수 있는 다른 사람을 찾을 것이며 그들이 당신의 삶에 도움을 줄 것입니다. 반드시 당신의 은사가 불붙게 해주겠습니다(디모데후서 1장 6절을 보라). 그래서 그 은사가 힘 있고 견고하게 되면 다른 사람들을 섬기도록 하겠습니다"라고 말하는 것이다.

30년 전에 맥스 드 프리는 풀러 신학교 이사회에 들어오라는 요청을 받았다. 동시에 그 신학교는 데이빗 앨렌 허바드(David Allen Hubbard)라는 젊은 리더에게 학교의 총장직을 맡겼다. 데이빗이 취임한 후, 맥스는 말했다. "데이빗, 나는 자네의 성공을 위해 헌신하고 있네." 맥스는 자신을 낮추어, 하나님께 리더로 택함받은 사람의 성품과 유능함을 개발하는 일에 30년 간 쓰임받았다. "나는 자네의 성공을 위해 헌신하고 있네." 그것은 리더가 자신이 인도하는 사람들에게 할 수 있는 가장 강력한 말 가운데 하나다.

사람들을 영웅으로 만들라

아무리 작은 그룹의 리더라도 충분히 그들 자신이 먼저 주목받을 필요가 있다. 어느 한 사람의 리더십으로는 왕성하게 성장하는 사업체나 집단 혹은 교회를 전부 대표할 수 없다. 당신이 지도하는 사람들이 일을 잘할 때 그들을 영웅처럼 대우하라. 그들을 사람들 앞에서 추켜세워주고, 그들을 칭찬하라.

내가 자주 말하는 두 영웅 이야기는 액시스 그룹 사람들의 이야기다. 한 달에 한 번 액시스의 어느 팀은 일리노이즈 소년원(IYC)에 있는 아이들을 방문한다. 그곳은 그다지 매혹적이지 않다. 또한 화려하게 눈에 띄는 사역도 아니다. 우리 교인 가운데 한 명인 클레어(Claire)는 지속적으로 그 팀에서 일하기를 원했다. 시간이 흐르면서 클레어는 IYC에 있는 여자 아이들과 관계를 형성하기 시작했다. '별로 대단할 것 없네' 라고 말할지 모르겠다. 하지만 클레어의 선택이 놀라운 점은 그녀가 스물 네 살이며 어린아이 때부터 휠체어 생활을 했다는 것이다. 그녀는 통풍관을 통해

숨을 쉬며, 상당한 육체적 한계를 지니고 있다. 집에 틀어박혀서, 하나님께 불평을 터뜨려도 누가 뭐라 할 수 없는 젊은 여성이었다. 그녀는 아마 결혼하지 못할 것이며, 자녀를 갖지도 못할 것이고, 걷지도 못할 것이기 때문이다. 하지만 그녀는 대신에 철창 너머에 있는 여자아이들을 섬기고 그들을 위해 헌신하기로 결심했다. 내가 클레어의 이야기를 하는 이유는 그녀가 영웅이라고 생각하기 때문이다.

전도는 액시스의 사역에서 커다란 부분이다. 그리고 우리는 사람들이 삶 가운데서 개인 전도를 하게 할 만한 방법들을 생각하려 애쓴다. 우리 팀의 기타 연주자인 션(Sean)이라는 청년은 그 방법을 계속 생각하고 있었다. 아이디어를 내는 데 몇 달이 걸렸지만, 이제 화요일 밤마다 션과 액시스의 몇몇 사람들은 챔프스(스포츠 바)에 가서 연주를 한다. 그들은 바텐더와 웨이트리스 그리고 그 바에 잘 오는 사람들과 관계를 형성했다. 어느 정도 시간이 지난 후 우리는 액시스에서 '결단의 밤' 시간을 가졌으며, 션이 바에 간 것으로 인해 바텐더 한 명과 웨이트리스 두 명이 그리스도께 삶을 드렸다. 션은 나에게 영웅이다.

당신의 사람들을 영웅으로 만들 방법들을 찾아보라.

종의 마음으로 인도하라

사람들이 일하는 것을 지켜보면서 동기가 유발되도록 하지 않고, 모든 사람에게 일방적으로 지시하고 즉각 순종하기를 기대하는 리더는 일하는 기계를 만들어낼 뿐이다. 이런 유형의 리더는 심술궂은 순종을 이끌어낼 뿐이다. 겉으로는 당신이 원하는 행동을 하지만 속에서는 아무것도 변화되지 않는다. 이런 행동은 표면적으로는 괜찮아 보이지만, 실제로는 냉소주의나 신뢰의 결여 같은 바람직하지 못한 특성들을 낳는다. 그것은 처음에는 결과에 영향을 끼치지 않을지 모르지만 결국에 가서는 목표, 팀원, 조직을 약화시키는 미묘하게 강력한 힘이 된다. 하지만 당신이 섬기는 마음으로 인도한다면, 사람들 안에 있는 최고의 동기를 자극하게 될 것이다. 섬기는 리더십이 없다면, 기껏해야 '…해야 한다' 정도의 동기만 유발시킬 수 있을 뿐, 시간이 흐르면 조직은 편협하고 활기를 잃어버리게 될 것이다.

리더가 '…하고 싶다'는 더 깊은 수준까지 사람들을 이끌어갈 때, 조직은 중단 없이 계속 움직일 수 있다. 더 이상 리더인 당신 혼자 많은 에너지를 들이지 않아도 된다. 당신이 주위 사람들에게 일을 잘하고자 하는 열심을 심어주었기 때문이다. 당신이 팀의 지지를 받기 시작하면 팀과 팀원 모두 풍성한 미래를 맞이할 것이다. 하지만 당신이 권한에 매달리는 한 절대 다른 사람들을 발전시킬 수 없다는 것을 기억하라. 권한은 서로 나누어야 한다. 그것은 우연의 일치가 아니다. 예수님은 리더십에 대해 그리 자주 이야기하지 않으셨지만, 그 이야기를 하실 때마다 섬김에 대해 이야기하셨다.

예수님은 사람들을 섬기셨을 때, 그들에게 삶을 완전히 뒤집으라고 요구하셨다. 그분은 끊임없이 더 깊은 동기로, 그들 안에 있는 하나님의 형상으로 창조된 부분, 즉 "나는 이 이상의 존재가 될 수 있어"라고 말하는 부분으로 들어가셨다. 예수님은 그저 이리저리 다니시며 사람들에게 커피를 가져다주고 등을 두드려주는 일만 하지 않으셨다. 섬긴다는 말은 그런 의미가 아니다. 섬김은 이 사람이 나의 리더십에서 벗어날 때, 나와 함께 보낸 시간으로 인해 더 나은 사람이자 좋은 리더가 되리라는 의미다.

경건한 리더에게 크리스천으로서 어떤 가치관이 가장 중요한지 생각해보면, 목록은 순식간에 네 가지로 좁혀진다. 그것은 통합성, 진정성, 기쁨, 일의 존엄함이다. 리더인 당신이 이 네 가치관을 중심으로 환경을 조성할 수 있다면, 당신은 사람들이 일하고 싶은 곳을 만들어낼 수 있을 것이다.

당신이 어느 정도 신뢰를 주고 권한을 다른 사람들과 나누는가 하는 것은 당신이 어떠한 조직을 키우는지에 직접적인 영향을 미친다. 그리고 궁극적으로 중요한 것은 당신과 하나님 간의 신뢰다. 이것이야말로 크리스천 리더에게 있어 모든 것의 출발점이자 종착점이다. 당신이 하나님을 흔들림 없이 신뢰한다면, 당신은 어딜 가든 신뢰를 구축할 수 있을 것이다. 리더로서의 모든 성공이 추억이 되고 마지막 숨을 몰아쉬게 될 때, 중요한 것은 하나님이 당신과 함께 계시며 당신이 한 일이 중요했다는 확신뿐이다.

우리가 하나님의 눈을 통해 사람들을 보고 그들이 행동할 수 있도록 만드는 법을 배울 수 있기를. 우리가 인도하는 사람들을 영웅으로 만드는 법을 배울 수 있기를. 언젠가 우리도 다른 사람들이 부르심 속에서 꽃피도록 도왔노라는 말을 듣게 되기를. 나는 많은 사람들이 이러한 리더십의 모델이 되어준 것에 대해 감사한다.

당신이 어디에서 리더로 섬기든 간에, 사람들이 당신 앞을 떠날 때 그들이 조금 더 크고, 조금 더 오래 웃고, 스스로 이렇게 말할 수 있도록 섬기라. "이곳에는 무언가 특별한 것이 있어."

개인적인 성찰을 위한 **질문**

1. 처음으로 내가 행동할 수 있도록 해준 사람은 누구인가? 내가 그 사람을 떠올릴 때 주로 생각나는 리더십을 보여주는 그의 행동은 무엇인가?

2. 나는 나의 리더십 아래 있는 사람들을 위해 '안전한' 환경을 만들었는가? 어떻게 하면 내가 인도하는 사람들과 신뢰를 쌓을 수 있는가? 어떤 식으로 나는 사람들을 모아 그들이 공통적인 부분을 보도록 할 수 있는가?

3. 무엇 때문에 나는 권한과 영향력을 다른 사람들과 나누는 것을 내켜 하지 않는가? 나의 권한을 나누어주는 것을 더 편안하게 느끼도록 하기 위해 무엇을 할 필요가 있는가?

4. 우리 팀에는 내가 간과한 달란트를 가진 사람들이 있는가? 어떻게 하면 다른 사람들과 더 많은 정보를 나눌 수 있는가? 어떻게 하면 그 사람이 더 신중하고 잘 선택할 수 있도록 도울 수 있는가?

5. 나는 섬기는 리더라는 말을 들을 때 어떤 행동이 구체적으로 마음에 떠오르는가?

CHRISTIAN LEADERSHIP CHALLENGE 07

마음을 격려하라

정상에 오르는 길은 힘들고 가파르다. 사람들은 지쳐버리고, 좌절하며, 환멸을 느낀다. 그들은 포기하고픈 유혹을 받는다.

소망과 결심을 유지하기 위해, 리더는 구성원 개인의 탁월함을 인식함으로써 공동체에 대한 기여를 인정해줄 필요가 있다. 진정으로 사람들을 격려하는 행동은 그들의 사기를 높여주고 용기를 북돋아준다.

팀이 목표된 성과를 이루었을 때 리더는 구성원들의 노력을 적극적으로 보상해줄 필요가 있다. 그래서 리더는 공동체 의식을 함양함으로 승리를 축하해야 한다. 그것은 팀의 성과를 자랑스럽게 여기는 마음을 표현하고 모든 사람이 영웅이 된 것처럼 느끼게 한다.

○
"나의 모든 수고를 내 마음이 기뻐하였음이라
이것이 나의 모든 수고로 말미암아 얻은 몫이로다."
전도서 2:10 하

"잘하였도다 착하고 충성된 종아."
마태복음 25:21 상

어떻게 마음을 격려할 것인가?

켄 블랜차드(Ken Blanchard)

지난 몇 년간 내가 가르친 리더십의 가장 중요한 개념은 긍정적인 것을 강조하고, 사람들이 잘하고 있는 일을 포착하는 것이었다. 그것이 바로 마음을 격려하는 것, 곧 모범적인 리더십의 다섯 번째이자 마지막 원칙이다.

기독교적 관점에서 마음을 격려하는 것에 대해 이야기할 때, 리더십에 대한 예수님의 관점에 논의를 집중시키는 것이 옳다.

"예수께서 제자들을 불러다가 이르시되 이방인의 집권자들이 그들을 임의로 주관하고 그 고관들이 그들에게 권세를 부리는 줄을 너희가 알거니와 너희 중에는 그렇지 않아야 하나니 너희 중에 누구든지 크고자 하는 자는 너희를 섬기는 자가 되고 너희 중에 누구든지 으뜸이 되고자 하는 자는 너희의 종이 되어야 하리라 인자가 온 것은 섬김을 받으려 함이 아니라 도리어 섬기려 하고 자기 목숨을 많은 사람의 대속물로 주려 함이니라"(마 20:25-28).

예수님은 첫 제자들에게 어떻게 리더가 되어야 하는가에 대해 말씀하실 때 이방인들의 예를 드시며 "너희 중에는 그렇지 않아야 하나니"라는 교훈을 주셨다. 그분을 따르는 모든 사람들에게 리더십은 무엇보다 섬김의 행동이 뒷받침되어야 한다는 분명한 메시지를 보내셨다. 그분의 말씀에 제2안은 전혀 암시되거나 제시되지 않았다. 예수님은 그 명령에 면제받을 시간, 공간, 혹은 상황의 제한이나 한계를 설정하지 않으셨다. 예수님을 따르는 사람들에게 섬기는 리더십은 선택이 아니라 명령이다.

나는 1982년 「1분 경영」[1]이라는 책이 출간되어 대단한 성공을 거둘 때까지는 예수님을 리더십의 역할 모델로 한 번도 생각해본 적이 없었다. 갑자기 베스트셀러 저자가 되자, 나는 우쭐해져서 내가 대단한 존재라고 생각되기보다 도대체 무슨 일이 일어나고 있는 걸까 하고 의아해졌다. 그러는 가운데 그것이 '하나님이 하신 일'이라는 생각에 눈을 뜨게 되었다. 그 직후 수정교회에서 방송하는 '능력의 시간'에 출연해달라는 요청을 받았다. 로버트 슐러(Robert Schuller) 목사는 그 책에 대해 나와 이야기를 나누던 중 예수님이야말로 전형적인 1분 경영자였다고 말했다. 예수님은 분명한 목표를 갖고 계셨다. 1분 경영자의 첫 번째 비결은 1분 목표 설정이다.

또한 예수님은 늘 이 마을에서 저 마을로 다니시면서, 무언가 옳은 일을 하고 있는 사람을 찾으셨다. 사람들이 예수님과 그분이 전해준 소식을 믿는다는 표시를 조금이라도 보이면, 예수님은 그들을 고쳐주시고, 칭찬하시며, 격려하셨다. 1분 경영자의 두 번째 비결은 1분 칭찬이다.

마지막으로, 사람들이 잘못을 하고 있다면, 예수님은 주저 없이 방향을 바로잡아주시거나 그들을 질책하셨다. 1분 경영자의 마지막 비결은

1분 질책이다.

예수님이 전형적인 1분 경영자라는 슐러 목사의 말을 들으면서 나는 생각에 잠겼다. 나의 믿음이 더 깊어지고 성경을 자세히 탐구하기 시작했을 때, 내가 가르치거나 글로 쓴 모든 것을 예수님이 이미 하셨다는 것을 이내 깨달았다. 그리고 그분은 경험 없는 미숙한 열두 명을 데리고 완벽하게 그 일을 해내셨다. 나는 30년 이상 리더십에 대해 연구한 후에, 예수님이 모든 시대를 통틀어 가장 위대한 리더십 역할 모델이라는 결론에 이르렀다. 그 결과, 믿음으로 행하는 리더십 센터(Center for FaithWalk Leadership)를 공동 설립했다. 사람들이 예수님과 같은 리더가 되도록 도전하고 구비시키려는 것이 목적이었다.

마음을 격려하는 문제에서 예수님과 같은 리더가 된다는 것이 무슨 의미인지 탐구해볼 때, 두 가지 내적 영역을 검토할 것이다. 마음(동기 혹은 의도)과 머리(믿는 것과 리더십 관점)다. 또한 두 가지 외적 영역도 살펴볼 것이다. 손(행실과 행동)과 습관(훈련과 헌신)이다. 우리는 우리의 동기와 믿음(마음과 머리)은 안으로 감추고 있을 수도 있다. 하지만 우리의 행실과 헌신(손과 습관)은 다른 사람들에게 영향을 끼칠 것이며, 그들이 어떻게 우리를 따를지 결정하게 될 것이다.

마음

오랫동안 나는 많은 리더들이 옳은 일을 하는 사람들을 파악한다는 것이 무슨 말인지 제대로 이해하지 못하는 것을 보고 낙심이 되었다. "왜 사람들이 제대로 이해하지 못하지?" "왜 깨닫지 못할까?" 나는 의아했다. 그러던 어느 날 뭔가가 번쩍 떠올랐다. 나는 잘못된 곳에서 출발하고 있었다. 나는 리더들을 밖에서부터 안으로 변화시키려 애쓰고 있었다. 나는 먼저 행동, 곧 보이는 것부터 시작하고 있었다. 나는 사람들의 행동에는 언제나 그들 마음속에 있는 것에 의해 동기부여가 된다는 것을 깨달았다. 점차 나는 성품 및 다른 근본적인 마음의 특성들이 행동을 결정하는 데 중대한 지표가 된다는 것을 깨달았다.

이론적으로는 마치 다른 사람들을 격려하는 듯이 행동할 수 있을 것이다. 하지만 사람들이 하는 일을 개선시키도록 도우려는 의도가 아니라면, 단지 교묘한 조작이 될 뿐이다. 당신 자신이 무언가를 얻기 위해 그들을 격려하고 있는 것이다.

다른 사람들의 이익을 위해 일하라

모범적인 리더는 자신의 이익이 아니라 다른 사람들의 이익을 위해 일한다. 마음을 격려하는 것의 핵심은 마음속 깊은 곳에 있는 하나의 질문에 좌우된다. '당신은 섬기는 리더인가, 자기 잇속만 차리는 리더인가?' 하는 것이다. 스스로를 자기 잇속만 차리는 리더라고 인정할 사람은 아마 거의 없을 것이다. 그렇지만 실상은 그렇지 않다. 당신은 섬기는 리더와 자기 잇속만 차리는 리더의 차이를 어떻게 구분하는가? 고든 맥도날드(Gordon MacDonald)는 그의 고전 「내면세계의 질서와 영적 성장(Ordering your Private World, IVP)」[2]에서 세상에는 두 종류의 사람이 있다고 하면서 좋은 예를 보여주었다. 그것은 쫓겨다니는 사람과 부름받은 사람이다.

쫓겨다니는 사람은 그들이 모든 것을 소유하고 있다고 생각한다. 그들은 그들의 관계도 그들의 것이다. 재물도 그들의 것이다. 지위도 그들의 것이다. 그 결과 그들은 그들의 소유를 보호하느라 대부분의 시간을 보낸다. 그들이 하는 일은 모두 자신의 이익에 의해 결정된다. 그래서 그들이 당신을 칭찬하거나 격려한다면, 실제로는 그들 자신의 유익을 위해 그렇게 하고 있는 것이다. 다른 한편, 부름받은 사람들은 삶의 모든 것을 빌린 것이라고 생각한다. 관계도 빌린 것이다. 소유도 빌린 것이다. 지위도 빌린 것이다. 그 결과 그들은 리더로서의 자신의 지위를 방어하려 하거나 보호하려 하지 않는다. 실제로 더 훌륭한 리더가 나타나면, 그들은 그 사람과 협력할 것이다. 심지어 때로는 한 걸음 물러서서 다른 역할을 맡기도 할 것이다. 그들이 리더 역할을 하고 있는 유일한 이유는 다른 사람들을 섬기기 위함이다. 옳은 일을 하고 있는 사람들을 파악하는 것이 다른 사람들에게 도움이 된다면, 그들은 열심히 그렇게 한다. 자신의 유익을 위해서가 아니라 자신이 인도하는 사람들의 유익을 위해서다. 이러한 성품이 섬기는 리더십의 특성이다. 이것은 다른 사람들이 성공하도록 도우려는 것이다. 다른 식으로 말하면, 사람들이 하나님이 그들 안에 두신 비전에 따라 살도록 도우려는 것이다.

섬기는 리더의 핵심은 겸손이다. 겸손한 사람은 자신을 낮춰 보지 않는다. 그저 자신들에 대해 덜 생각할 뿐이다. 짐 콜린스가 그의 책 「좋은 기업을 넘어 위대한 기업으로」[3]에서 말하는 것처럼, 일이 아주 잘될 때 겸손한 리더들은 창밖을 내다보며 다른 모든 사람들에게 공을 돌린다. 그들은 성공에 대해 겸손하고 잘난 척하지 않는다. 일이 잘 안될 때는 거울을 들여다보면서 말한다. "어떻게 했다면 이 사람들이 할 수 있는 한 최선을 다하도록 도울 수 있었을까?" 섬기는 리더는 핵심을 안다. 그들은 모든 사람은 완전하지 않으며 실수를 한다는 것을 안다.

그와 대조적으로, 자기 잇속을 차리는 리더들은 일이 잘되면 거울을 들여다보면서 킹콩처럼 자기 가슴을 치면서, 자신이 얼마나 위대한지에 대해 생각한다. 하지만 일이 잘 안되면 창문으로 내다보면서 다른 모든 사람들을 비난한다. 그들은 너무나 자기 생각에 열중해서, 모든 것은 '우리'가 아닌 '나'의 관점을 통해 걸러진다. 이런 유형의 리더 밑에서 일하는 사람들은 결국에는 낙심하게 된다.

섬기는 리더와 자기 잇속을 차리는 이기적인 리더의 차이를 알려면, 그들이 사람들의 의견에 어떻게 반응하는지를 보면 도움이 된다. 한번 이렇게 시험해보라. 당신이 리더에게 그들의 지도 방법에 대한 의견을 제안했는데 그들이 화를 낸다면, 그들은 이기적인 사람들이다. 당신이 그들에게 의견을 제시한 것은 그들이 가장 두려워하는 것에 불을 붙인 것이다. 당신은 그들의 지도력의 약점을 지적했다. 그들은 그 말이 더 이상 그들이 리더가 되지 않았으면 좋겠다는 뜻이라고 생각한다. 그들의 정체성인 지위를 잃는다는 것은 그들에게는 최고의 악몽이다. 그 결과 리더들은 당신과 당신의 의견을 무시해야 한다. 이기적인 리더들은 자신의 지위를 유지하고 계속 통제하는 일에만 관심이 있다.

하지만 섬기는 리더들에게 의견을 제시하면, 그들은 그것을 하나의 선물로 여긴다. 당신이 명절 때 멋진 선물을 받았다고 생각해보라. 그 선물을 준 사람에게 무엇이라고 말하는가? "고마워! 어떻게 이런 걸 준비했어? 뭐 특별한 사용 설명서라도 있어?"라고 할 것이다. 마찬가지로, 섬기는 리더들에게 그들이 한 일에 대해 어떤 의견을 제시하면, 그들은 이렇게 말할 것이다. "고마워요. 얼마나 도움이 되는지 몰라요. 그럴 생각은 아니었어요. 내가 누군가 다른 사람과 이야기할 필요가 있을까요? 좀 더 말해주세요." 섬기는 리더들은 의견과 반응을 좋아한다. 그들이 지도하는 유일한 이유는 섬기기 위한 것이기 때문이다. 그들이 더 잘 섬기도록 도울 수 있다면, 모두가 상생하는 것이다.

모범적인 리더는 다른 사람을 격려하고 인정해주어야 한다. 그것은 마음에서 우러나온 질문으로부터 시작된다. "나는 섬기는 리더인가, 아니면 이기적인 리더인가?" 그 질문에 아주 솔직하게 대답할 때, 리더로서 당신이 의도하는 핵심이 무엇인지 알 수 있다. 예수님은 이 질문에 대해 즉시 대답하셨다. 그분은 섬김을 받기 위해서가 아니라 섬기러 오셨다.

실제로 우리는 모두 어느 정도는 이기적이다. 태어날 때부터 우리는 이기적인 존재기 때문이다. 아기보다 더 이기적인 존재는 없다. 아기는 병원에서 집으로 올 때 집안에 무언가 도울 일이 없는지 물어보면서 오는 것이 아니다. 인생의 여정은 이기적인 마음에서 섬기는 마음 쪽으로 움직이는 것이다. 인생이 얻는 것보다는 주는 것이라는 사실을 깨달을 때 당신은 마침내 어른이 된다. 이제 당신의 초점은 다른 사람들의 마음을 격려하는 것에 두어야 한다.

하나님께 기초를 두라

사람들의 마음을 격려하는 것에는 또 다른 면도 있다는 것을 인식하는 것이 중요하다. 우리가 리더로서 다른 사람들을 격려할 수 있으려면, 먼저 스스로 격려의 자원을 가지고 있어야 한다. 하지만 당신이 외적으로 인정받고 싶은 마음이 많다면, 멈춰 서서 당신 자신의 자존감을 살펴보

라. 자존감에 대한 마귀의 정의는, 당신이 성취한 기능 더하기 다른 사람들의 의견이라는 말을 들은 적이 있다. 마귀가 그것으로 당신을 낚아챌 수 있다면, 그는 당신을 손아귀에 넣은 것이다. 이제 당신의 초점은 하나님을 두려워하는 것이 아니라 사람들을 두려워하는 것이기 때문이다. 일단 그 함정에 빠지면, 당신은 그저 이웃 사람들에게 지지 않고 멋지게 보이려고 허세를 부리고 있는 것이다.

하나님이 무조건적으로 당신을 사랑하신다는 것을 깨달으라. 훌륭한 부모는 자녀가 성공을 하든 못하든 그들을 사랑한다. 그렇다면 하나님이 어떻게 그런 부모보다 못하시단 말인가? 우리가 스스로 그 무조건적 사랑을 받아들인다면 우리 영혼 안에서 무슨 일이 일어날지 상상해보라. 당신의 자존감이 당신에 대한 하나님의 무조건적인 사랑을 아는 것에 기초를 두고 있는지 확인하라. 그리고 하나님이 쓸모없는 존재를 만들지 않으신다는 것을 기억하라. 먼저 리더로서 '하나님에 대한 확신'을 가질 때, 나는 섬기는 리더가 될 수 있다. 내 마음은 무조건적인 사랑으로 가득 찰 것이기 때문이다.

머리

섬기는 리더십은 마음에서 동기 및 의도와 함께 시작해서 또 다른 내부 영역인 머리를 지나간다. 머리는 리더의 믿음 체계며 리더의 역할에 대한 관점이다.

모든 위대한 지도자들은 자신들의 역할 및 그들이 영향을 끼치고자 하는 사람들과 자신들의 관계를 규정하는 특정한 리더십 관점을 지니고 있다. 특히, 먼저 예수님이 본을 보이고 가르치셨던 섬기는 리더십의 관점을 이해하고 마음을 격려하는 것에 대해 생각할 때, 리더십에 대한 당신의 생각을 예수님의 생각과 맞추기 위해 어떠한 사고의 변화가 필요한지 배우기 바란다.

내가 섬기는 리더십에 대해 말하면, 대부분의 사람들은 그것이 재소자가 감옥을 운영하는 것과 같은 의미라고 생각한다. 섬기는 리더십은 따르는 사람들의 열정과 헌신을 자극하는 분명하고 강력한 비전에서 시작된다. 내가 제시 스토너(Jesse Stoner)와 함께 쓴 「비전으로 가슴을 뛰게 하라(Full Steam Ahead, 21세기북스)」에서는 훌륭한 비전이 세 부분으로 되어 있다고 주장한다.4

1. 목적/ 사명: 당신은 어떤 일에 관여하고 있는가? 월트 디즈니가 놀이 공원을 시작했을 때, 그는 사람들을 어떻게 흥분시킬지 알았다. 그는 말했다. "우리는 행복 사업을 하고 있습니다. 우리는 마법을 부립니다." 그와 같은 분명한 목적이 출연 배우들(직원들)이 손님들(고객들)과 함께하는 모든 일의 동력이 되었다. 예수님은 자신의 제자들에게 분명한 사명을 가지고 계셨다. 그분은 그들이 "사람을 낚는 어부"(마 4:19)가 되기를 원하셨다.

2. 희망하는 미래상: 모든 것이 계획대로 된다면 당신의 조직은 어떤 모습이 될 것인가? 미래에 대한 월트 디즈니의 묘사는 그가 모든 출연 배우들에게 지시한 말에 표현되어 있다. "사람

들이 놀이 공원에 들어왔을 때와 똑같은 미소를 지니고 놀이 공원을 떠나게 하십시오." 그는 손님들이 놀이 공원에 두 시간 있든지 열 시간 있든지 상관하지 않았다. 그저 '그들이 계속 미소 짓기'를 원했다.

예수님이 제자들에게 "너희는 가서 모든 민족을 제자로 삼아 아버지와 아들과 성령의 이름으로 세례를 베풀"(마 28:19)라고 명하셨을 때 미래를 개략적으로 보여주신 것이었다.

3. 가치: 당신은 사람들이 당신의 목적을 위해 일하고 미래를 상상할 때 어떻게 행동하기를 원하는가? 전세계 조직들 중 10퍼센트 이하만 분명하게 명문화된 가치를 가지고 있다. 하지만 가치를 갖는 것은 사람들이 목적을 위해 일하고 미래를 상상하는 동안 그들의 행동을 결정 짓기 때문에 중요하다. 또한 가치를 갖고 있는 대부분의 조직들도 너무 많은 가치관을 갖고 있든가, 가치의 우선순위가 매겨져 있지 않다. 연구 결과에 따르면 정말로 행동에 영향을 끼치고 싶다면, 서너 개 이상의 가치를 제시해서는 안 된다고 한다. 또한 그것이 효과적이 되려면 순위를 정해야 한다. 왜 그런가? 인생은 가치 충돌의 연속이기 때문이다. 이러한 충돌이 일어날 때, 사람들은 그들이 어떤 가치에 초점을 맞춰야 하는지 알아야 한다. 월트 디즈니는 친절, 쇼, 효율성 등의 다른 가치보다 안전을 우선으로 두었을 때 직관적으로 이것을 알았다. 그는 왜 그렇게 했을까? 만약 어떤 손님이 들것에 실려 나간다면, 그 손님은 놀이 공원에 들어왔을 때와 같은 미소를 짓지 않으리라는 것을 알았기 때문이다. 그

러므로 출연 배우가 손님과 재미있게 놀고 있을 때 누군가 비명을 지르는 것을 듣는다면, 그 배우는 즉시 양해를 구하고 가장 중요한 가치인 안전에 집중할 것이다.

바리새인들이 예수님에게 가장 큰 계명이 무엇이냐고 물었을 때 예수님은 이렇게 대답하시면서 계명과 순위 둘 다를 말씀해주셨다. "네 마음을 다하고 목숨을 다하고 뜻을 다하여 주 너의 하나님을 사랑하라 하셨으니 이것이 크고 첫째 되는 계명이요 둘째도 그와 같으니 네 이웃을 네 자신 같이 사랑하라 하셨으니 이 두 계명이 온 율법과 선지자의 강령이니라"(마 22:37-40).

일단 분명한 비전을 가지면, 사람들이 날마다 에너지를 집중하는 데 도움이 되는 목표를 설정할 수 있다. 하지만 이제 이 목표들은 더 큰 의미를 지닌다. 그것은 분명한 비전이라는 맥락 안에 있기 때문이다.

흥미를 돋우는 비전을 가지라

「리더」에서 제임스 쿠제스와 베리 포스너는 마음을 격려하는 한 요소로 분명한 기준에 초점을 맞추는 것이 얼마나 중요한지 이야기한다. 그들은 기준, 혹은 우리가 흥미를 돋우는 비전이라고 부르는 것이 분명하지 않은 상황을 「이상한 나라의 앨리스」에 나오는 크로케 경기에 비교한다.

모든 사람이 움직이고 규칙들은 계속 바뀐다. 불쌍한 앨리스. 게임에 이기는 법을 도저히 알 수가 없었다. 게다가 게임은 모두 여왕 위주로 만들어져 있었다. 우리는 모두 살아가다보면 이따금 앨리스가 되는 때가 있다. 어디로 가고 있는지, 우리의 행동 방식을 지배하는 기초가 되는 규칙은 무엇인지, 우리가 잘하고 있는 건지 확실히 알지 못할 때가 있다. 그리고 우리가 요령을 터득하는 바로 그 순간, 조직은 움직이고 다시 모든 것이 변한다. 이것은 미칠 듯한 좌절과 처량한 결과를 가져온다. 우리는 전혀 열의를 가질 수가 없다.[5]

초점 없는 조직과, 리더가 분명하고 강력한 비전과 목표를 밝히는 조직을 대조해보라. 초점이 분명한 조직에서는 모두가 승리자다. 사람들이 전심전력하여 그들의 일에 열중하기 원한다면, 리더는 조직이 어디로 가고 있는지 확실히 알려주어야 한다. 강력한 비전은 행동할 수 있는 무대를 준비해준다. 목표는 일을 완성할 수 있는 에너지를 방출한다. 그것은 또한 사람들이 올바로 행하고 있음을 파악하고 그것에 대해 그들을 인정해줄 수 있는 기초가 된다. 보상과 인정은 분명한 비전과 목표가 있을 때 훨씬 더 의미 있는 것이 된다.

전통적 계급 제도에서 리더는 비전을 제시한다는 장점이 있다. 사람들은 리더가 비전과 방향을 제시하기를 기대하며, 리더는 방향을 설정할 때 경험 많은 사람들의 의견을 절충하지만, 궁극적 책임은 리더에게 있으며 다른 사람들에게 위임할 수 없다.

비전대로 살라

하지만 비전대로 사는 것과 목표를 성취하는 것 사이의 괴리는 대부분의 리더들과 조직들이 어려움을 겪는 부분이다. 그 요인 가운데 하나로 전통적인 계급 제도의 잔재가 아직 남아 있는 경우를 꼽을 수 있다. 그래서 직원들은 마음속으로는 고객들을 무시한다. 조직의 모든 에너지는 높은 계급 쪽으로 이동한다. 직원들이 자신의 상사를 기쁘게 하려고 민감하게 반응하기 때문이다. 이런 권위주의적 구조로 인해 최전선에서 고객과 접하는 사람들은 종종 오리처럼 이렇게 꽥꽥거리지 않을 수 없다. "우리 방침이 그렇습니다." "전 그냥 여기서 일할 뿐이에요." "관리 책임자와 이야기하시겠어요?" 이런 환경에서 자기 잇속만 차리는 리더는 "양들이 목자의 유익을 위해 존재한다"고 생각한다. 조직 내 대부분의 에너지는 더 높은 자리로 올라가는 데 쓰인다.

효과적으로 비전을 이행하려면 계급 제도를 뒤집어, 고객과 접촉하는 사람들이 조직의 제일 꼭대기에 있게 해야 한다. 그렇게 할 때 직원들은 거기에서 독수리처럼 날면서 고객들에게 응대할 수 있다. 반면에 리더들은 자기가 지도하는 사람들이 조직의 비전과 목표에 따라 살도록 도우면서 그들의 필요를 채워줄 것이다.

예수님은 제자들의 발을 씻겨주셨을 때 바로 그런 것을 염두에 두고 계셨다. 예수님이 그렇게 하셨을 때, 제자들이 나가서 사람들이 원하는 일을 전부 도와야 한다고 암시하신 것은 아니었다. 비전과 목표는 분명했다. 그분은 그것을 제일 꼭대기 계급에서 가져오셨다. 바로 그분의 하나님 아버지다. 그분은 비전을 이행하는 문제에서 그들을 섬기는 지도자가 되어 사람들이 '복된 소식'에 따라 살도록 돕기를 원하셨다.

손

효과적으로 섬기는 리더십은 리더가 자신을 따르는 사람들과 상호작용을 할 때, 마음과 정신을 지나 이제 외부를 향해 행동을 한다. 바로 여기에서 좋은 의도와 올바른 생각이 열매를 맺기 시작한다. 그리고 진정한 제자도가 참으로 시험을 받는다.

「1분 경영자」에서 스펜서 존슨과 나는 "자신에 대해 긍정적인 사람은 좋은 결과를 맺는다"6고 썼다. 그 단순한 문장은 사실이다. 자신에 대해 긍정적인 사람들은 더 열심히 일한다. 우리가 발견한 단 한 가지 문제는 다른 사람들의 기분을 맞추는 일에 너무 집중하면, 관계에만 초점을 맞추는 인간 관계의 덫에 빠질 수 있다는 것이다. 다른 사람들을 격려하는 것의 배후에 있는 진정한 가치는 그보다 훨씬 더 깊다. 후에 「1분 경영자 실천하기(Putting the One Minute Manager to Work)」에서 그 인용문은 이렇게 바뀌었다. "좋은 결과를 맺는 사람은 자신에 대해 긍정적으로 느낀다."7 긍정적인 느낌은 좋은 결과를 통해 얻을 수 있다. 나는 리더들을 가르치면서 어떻게 하면 사람들이 일을 더 잘 수행하도록 도울 것인가 하는 데 초점을 맞추고 있다. 그렇게 하는 이유는 그것이 바로 사람들이 자신에 대해 긍정적으로 생각하게 만들고, 그들의 마음을 격려하는 것이기 때문이다.

섬기는 리더로 행동하기 위한 비결은 러닝 코치가 되어 사람들이 발전하는 것을 그들이 성취하려는 목표와 똑같이 중요한 것으로 여기는 것이다. 러닝 코치의 일에는 세 부분이 있다. 첫째, 계획 세우기, 곧 목표와 목적을 정하는 것, 둘째, 날마다 코치하기, 곧 사람들이 승리하도록 혹은 자신의 목표를 달성하도록 돕는 것, 마지막으로 평가하기, 곧 시간을 두고 사람들의 성취를 평가하는 것이다.

자기 잇속만 차리는 이기적인 리더는 평가하는 데 대부분의 시간을 들인다. 그들은 사람들을 성취 범주에 따라 분류함으로써 계급 체계를 보호하고 싶어한다. 하지만 섬기는 리더는 짜여진 계획과 그에 맞춰 날마다 코치하는 일에 초점을 맞춘다. 첫째로, 그들은 자기가 이끄는 사람들이 자신들이 해야 하는 일은 무엇이며, 그것이 성취된 모습은 어떤 것인가를 분명히 알기 원한다. 그 다음에 그들은 전통적인 계급 체계를 뒤집어, 사람들을 지속적으로 코치하며 승리하도록 돕는 일에 에너지를 집중한다. 예수님도 바로 여기에 대부분의 시간을 사용하셨다. 예수님은 제자들에게 자신을 따르라고 부르셨을 때, 그들이 "사람 낚는 어부"로 발전하도록 전폭적 지지와 인도를 해주겠다고 약속하셨다. 이것이 섬기는 리더의 의무다. 지도자가 자기를 따르는 사람들의 삶에 계속적으로 자신의 삶을 투자하는 것이다. 그들은 효과적이 리더의 행동을 통해, 섬기는 리더십에 대해 그들의 마음과 머릿속에 있는 것을 전달할 수 있다.

우리가 사람들의 발전을 위해 날마다 러닝 코치 역할을 한다면 진심으로 사람들의 마음을 격려하게 될 것이다. 이때 몇 가지 기억해야 할 것이 있다.

주의를 기울이라

이동성은 지도자가 되는 것의 한 영역이라고 제임스와 베리는 주장한다. 나도 동의한다. 그들은 '지도하다'라는 말의 어원은 '가다, 여행하다, 안내하다'라는 의미의 옛 영어에서 나온 것이라고 말한다. '두루 다니면서 하는 경영'은 탐 피터스(Tom Peters)와 밥 워터맨(Bob Waterman)이 고안해낸 것이 아니다. 그것은 예수님이 고안해내셨다. 예수님은 이 마을에서 저 작은 마을로 두루 다니셨다. 그분은 사람들이 무언가 옳은 일을 하고 있는 것을 보시면, 기꺼이 그들을 칭찬하시고 고쳐주셨다. 그들이 옳지 않은 일을 하고 있다면 그분은 기꺼이 그들의 방향을 바로잡아 다시 원래의 자리로 돌아오게 하셨다.

제임스와 베리가 「리더」에서 말하듯이,

> '두루 다니면서 하는 경영'은 아무 목적 없이 다니는 것이 아니다. 리더는 어떤 이유가 있어서 거기 있는 것이다. 그 이유 가운데 하나는… 당신이 관심을 갖고 보살핀다는 것을 보여주려는 것이다. 보살핌을 보여주는 방법 가운데 하나는 사람들에게, 그들이 하고 있는 일과 그들이 느끼는 감정에 주의를 기울이는 것이다. 그리고 당신이 추구하고 믿는 기준이 분명하고, 사람들이 승리자처럼 일하리라고 기대한다면, 당신은 사람들이 제대로 일하는 것을 수없이 많이 보게 될 것이다.[8]

사람들이 일을 제대로 하고 제대로 된 일을 하는 것을 보려면, 정보가 필요하다. 그리고 그 정보를 얻으려면 책상 뒤에서 나와야 한다. 당신은 움직여야 한다. 사람들과 함께 시간을 보내면서 그들이 무엇을 하고 있는지 알아야 한다. 그렇지 않으면 두루 다니는 것은 의미가 없다. 우리는 일대일 자문 방법을 개발했는데, 그것은 매우 단순하지만 잘 따르면 매우 효과적인 방법이다. 우리는 경영자들에게 직원들을 일주일에 15-

30분씩 만나도록 충고한다. 매주 그렇게 하면 더 좋다. 많은 경영자들은 시간이 없다고 불평한다. 하지만 직원이 열 명이고 한 사람당 꼬박 30분씩 시간을 보낸다 해도, 일주일에 다섯 시간밖에 되지 않는다. 우리는 경영자들에게 그들의 보고를 직접 듣고 의제를 정하라고 조언한다. 직원들이 무엇을 중요하게 생각하는지 말하게 하라. 그렇게 할 때 놀라운 일이 일어날 것이다. 그들은 당신의 도움이 필요한 문제들을 말할 것이다. 그들은 당신이 알지 못했던 것들을 알려줄 것이다.

사람들이 일을 제대로 하는지 파악하는 것을 최우선 순위로 삼아야 한다. 동시에, 훌륭한 리더는 업무 수행과 사기를 북돋는 것 간에 균형을 추구해야 한다. 나는 다정하고 부드러운 유형의 리더로, 때로는 사람들의 사기, 즉 사람들이 자신에 대해 어떻게 생각하는지에 대해 너무 초점을 맞춘다. 사실 당신에게는 결과 역시 필요하다. 다른 사람들이 그들의 조직 속에서 일을 잘 수행하도록 도울 수 있다면, 두 가지를 다 이룰 수 있다. 그들의 일은 잘 수행될 것이며, 그들은 긍정적인 자신감을 갖게 될 것이다. 하지만 관계와 결과 간에는 미묘한 균형이 존재한다. 그저 돌아다니면서 사람들과 하이파이브만 하면서 결과를 기대할 수는 없다.

모범적 리더들은 개인적으로 사람들을 인정해준다

제임스와 베리가 연구를 하면서 사람들을 인정해주는 방법에 대해 들은 가장 흔한 불평은 그것이 너무 예측 가능하고, 판에 박혔으며, 비인격적인 것이라는 점이다. 아무에게나 똑같은 칭찬을 남발하는 것은 부자연스러우며, 사람들은 그것을 꿰뚫어본다. 오랜 시간이 지나면 심지어 냉소주의가 증가되고 실제로 신뢰성에 해를 끼치는 맞불이 될 수도 있다.

내가 일했던 한 회사의 회장은 휴가철 동안 모든 직원들에게 인사장을 보내는 습관이 있었다. 나는 그것이 시간 낭비라고 말했다. 그는 반박했다. "시간 낭비라니 무슨 뜻입니까? 제 아버님도 언제나 그러셨는걸요."

내가 대답했다. "그렇습니다. 하지만 회장님 아버님은 모든 직원들을 아셨지요. 그때에는 종업원 수가 훨씬 더 적었습니다. 그리고 아버님은 그들 가정에 대해 세세한 것까지 말씀하실 수 있었습니다. 그런데 회장님은 사원의 절반도 알지 못하고, 그중 많은 사람들은 심지어 회장님을 좋아하지조차 않는데 회장님은 그들이 휴가를 잘 보내기를 바라면서 동분서주하고 계십니다."

그는 내가 그런 말을 한 것에 대해 화를 냈다. 하지만 그 다음 성탄 휴가철에 그는 새로운 진실을 깨닫게 되었다. 그는 아파서 연례적으로 해온 대로 종업원들을 만나러 두루 다닐 수가 없었다. 그래서 그의 직원 가운데 한 명이 그의 사진을 풀로 붙이고 숨을 쉴 구멍을 낸 종이백을 뒤집어쓰고 회사를 두루 다니면서 성탄 휴가를 잘 보내라고 인사를 했다. 직원들은 모두 히스테리를 부렸다.

상세한 내용을 모르면서 칭찬하는 것은 별 의미가 없다. 사람들을 격려해줄 때는 목적이 있어야 한다. 칭찬은 개인적으로건 조직적으로건 사람들이 이루려는 무언가와 관련되어 있다. 예를 들어, 그저 "존, 자네는 멋진 사람이야"라는 말은 별 의미가 없다. 그것은 맞는 말일지는 모르지만, 존에게 어떤 중대한 것도 전달하지 못한다. 하지만 내가 "정말 자네를 곁에 두고 싶은 이유 가운데 하나는 자네가 매우 경청하는 사람이기 때문이라네"라고 말한다면, 존은 그가 잘하는 일에 대해 구체적인 칭찬을 받는 것이다.

당신이 사람들 안에서 긍정적인 것들을 찾는 리더라면, 반드시 그들에게 즉각적인 피드백을 하라. 그렇게 하면 사람들은 당신이 정말로 그들에게 주의를 기울이고 있다는 것을 알 것이다. 나는 사업차 오랜 여행을 하고 돌아올 때, 우리 회사의 핵심 인물들에게 내가 없는 동안 누가 일을 잘했는지 물어본다. 그 다음에 다니면서 "존, 내가 수잔과 방금 이야기를 나누었는데, 수잔이 자네가 한 일에 대해 이야기해주더군. 정말 대단한 일이야"라고 말한다. 존은 나에게서 긍정적인 피드백을 받아 기분이 좋을 뿐 아니라, 상관인 나에 대해 가지고 있던 이미지가 엄청나게 좋아질 것이다. 부하 직원들과 좋은 관계를 개발하는 가장 좋은 방법 가운데 하나는 당신이 좋은 소식을 윗사람들에게 전달하고 있다는 사실을 그들에게 알리는 것이다.

당신이 지도하는 사람들을 정말로 흥분시키려면, 그들이 제대로 한 일에 대해 칭찬하도록 하라. 당신이 어떤 일에 대해 말만 번지르르한 의례적 치하를 했는데, 그것이 단순히 정치적 거래에 불과하다는 것을 모두가 아는 것보다 더 최악의 경우는 없다. 하지만 어떤 사람이 고객을 위해 각별히 노력하는데 다른 사람이 그것을 보고 그 사람에게 칭찬의 말을 한다면, 그것은 의미 있는 칭찬이다.

내가 그다지 좋아하지 않는 것 가운데 하나는 이달의 직원을 뽑는 행사다. 내 생각에 이달의 직원 뽑기는 아무짝에도 쓸모없는 활동이다. 위원회 위원들은 이런 말들을 듣는다. "같은 부서에 있는 사람이 두 달 연속 상을 받을 수는 없지요. 꽥꽥." 아니면 "그 여직원은 오랫동안 여기서 일했어요. 그러니 좀 치하를 해야 하지 않을까요. 꽥꽥." 이런 행사를 하는 대신 상시 직원 행사를 만들어, 고객이나 동료가 옳은 일을 하는 것을 보면 어느 때나 그것을 치하하도록 하면 어떤가? 사람들이 다른 사람들이 잘한 일에 대한 기록을 남길 수 있도록 하는 '명예의 벽'을 만들어보라.

옳은 일을 하는 것이 포착되면 누구든 유쾌하게 여긴다. 당신이 훌륭한 행동에 보상을 하려는 리더라면, 간단한 질문으로 훨씬 더 적절한 보상을 할 수 있다. 나는 언제나 부하 직원들과 앉아서 말한다. "당신이 무언가 훌륭한 일을 하는 것을 보았을 때, 어떻게 하면 당신을 가장 잘 인정하는 것이 되겠습니까? 편지를 좋아합니까? 당신 남편이나 아내에게 전화를 할까요? 사람들에게 알릴까요?" 사람들은 갖가지 방식으로 인정받기 원한다. 그러니 그들에게 물어보라. 사람들에게 각자 적절한 방식으로 동기를 부여하라.

예를 들어, 당신은 어떤 직원에게 가서 이렇게 말할 수 있을 것이다. "당신은 일을 잘하니 급료를 10퍼센트 올려주겠소." 하지만 실상은 그 사람의 배우자가 좋은 직장을 갖고 있어서 더 이상 급료 인상이 큰 의미가 없을 수도 있다. 그가 정말로 원하는 것은 다른 어떤 분야에서 보다 책임 있는 위치에 오르는 것일 수도 있다. 아니면 당신이 다른 어떤 사람한테 가서 "정말 대단한 일을 하고 있군요. 당신에게 이 일도 할 기회를 주겠습니다"라고 말할 수도 있다. 하지만 그 사람은 가족 중에 아픈 사람이 있어서 정말로 돈이 더 필요할 수도 있을 것이다. 직원들의 동기를 가장 잘 부여하는 것이 무엇인지 발견하라. 그래서 적절한 보상을 해줄 수 있도록 하라.

「경호!(Gung Ho!, 21세기북스)」[9]에서 셀든 보울스(Seldon Bowles)와 나는 모든 조직에서 더욱 열심을 내게 하고, 성취를 증가시키며, 놀라운 결과를 이루는 세 가지 리더십 원리에 대해 말했다. 세 원리 중 마지막 것,

'기러기의 선물'은 마음을 격려하는 요소와 완벽한 조화를 이룬다. 간단히 말해, 기러기의 선물은 다른 사람들을 응원하는 것이다. 기러기는 해마다 수천 킬로미터를 날아간다. 그리고 그들은 매 날갯짓마다 서로 격려의 울음으로 응원하면서 그 먼 길을 날아간다.

주위 사람들을 구체적으로 칭찬하면서 그들을 성원하는 리더는 다른 사람들의 마음을 얻고 위대한 일이 이루어지는 것을 보게 될 것이다. 이런 리더 밑에서는 모두가 승자다. 그렇게 될 때 리더의 마음, 머리, 행동이 다 조화를 이루게 될 것이다.

습관

마음을 격려하는 것이 섬기는 리더로서 중요한 일이고, 예수님이 그에 대한 모범을 보이셨다면, 어떻게 하면 섬기는 리더의 그런 훌륭한 행동에 일관되게 동참할 수 있을까?

리더들은 날마다 섬기는 리더가 되고 다른 사람들의 마음을 격려하려 할 때 수많은 도전에 직면한다. 마귀는 날마다 우리가 자아의 조종을 받도록, 자기 잇속을 차리게 하려고 기다리고 있다. '자아(EGO)'란 '하나님을 쫓아내는 것(edging God out)'이다. 삶의 유혹들, 특히 잘못된 교만과 두려움은 하나님을 우리 예배의 초점에서, 우리의 안전과 자존감의 원천에서, 우리의 주된 청중이며 재판관의 자리에서 쫓아내기 쉽게 만든다. 날마다 의사 결정을 내릴 때 하나님을 리더로 인정하지 않고 쫓아낸다면, 리더십의 통합성은 순식간에 부식되고 만다. 우리는 날마다 다섯 가지 훈련을 통해 우리의 선한 의도를 다시 조정해야 한다.

1. 골방: 하나님과 단둘이만 시간을 보내는 것.
2. 기도: 하나님과 대화를 나누는 것.
3. 성경 공부: 앞으로 올 도전들에 대비하는 것.
4. 하나님의 무조건적인 사랑에 대한 믿음: 신뢰에 근거하여 확신을 갖고 나아가는 것.
5. 책임 관계를 맺음: 당신이 궤도를 벗어나지 않도록 진리를 말해주고, 당신의 취약한 부분을 함께 나눌 수 있는 사람을 두는 것.

이 훈련은 리더들이 스스로 이렇게 물어볼 수 있도록 해준다. "나는 오늘 하루 어떻게 행동할 것인가? 내 이익을 위해 행동할 것인가? 아니면 섬김의 종이 될 것인가?"

섬기는 리더가 섬김을 받기보다는 섬기기로 재다짐하고, 끊임없이 스스로에게 유의하지 않는다면, 무의미한 과당경쟁에서 살아남는 데 삶을 모두 소진해버릴 수도 있다. 그리고 그런 과당경쟁에서의 문제는 설사 이긴다 해도 당신에게는 여전히 또 다른 경쟁이 존재한다는 것이다.

결론적으로, 예수님과 같은 리더가 되는 것은 마냥 부드럽기만 해서는 안 된다. 섬기는 리더십은 예수님이 명하신 일뿐 아니라, 위대한 조직을 만드는 가장 효과적인 방법이기 때문에 옳다. 참된 위대함은 리더의 마음과 머리와 손과 습관이 서로 잘 조화될 때에만 일어난다. 그러한 조화가 있어야 구성원들로부터 탁월한 충성과, 신뢰와, 생산성이 나올 것이다. 만약 그렇지 않으면 좌절, 불신, 장기적인 생산성 감퇴 등이 일어날 것이다.

그러니 예수님과 같은 리더가 되라! 그것이 마음을 격려하고 최고의 결과를 얻는 최선의 방법이다. 당신이 그 첫발을 내딛고 하나님이 당신을 리더의 모습으로 만들어가시기를 기도한다.

개인적인 성찰을 위한 **질문**

1. 나는 사람들이 옳은 일을 하는지, 그 일을 제대로 하는지 살펴보기 위해 얼마나 자주 두루 다니며 살펴보는가? 나는 사람들의 긍정적인 행동에 얼마나 의식적으로 주의를 기울이는가?

2. 나는 최근에 나의 조직에 있는 누군가를 개인적으로 인정해주기 위해 어떤 칭찬과 행동을 했는가? 나는 어떻게 그러한 행동이 의미 있는 것이 되도록 했는가?

3. 내가 속한 조직에서 누군가를 마지막으로 응원했을 때는 언제였는가? 나는 어떤 행동에 보상을 해주려 했는가? 얼마나 구체적으로 칭찬했는가?

4. 나는 내 마음을 격려하기 위해 얼마나 자주 시간을 들이는가? 나는 하나님의 자녀로서 내 자신이 가진 고유의 가치를 어떻게 인식하는가? 나는 내가 인도하는 각 사람을 하나님이 사랑하신다는 사실을 기억하는가?

CHRISTIAN LEADERSHIP CHALLENGE 08

리더십은 관계다

제임스 쿠제스와 베리 포스너

예수님이 제자들을 끌어모으실 수 없었다면, 기독교는 절대 전파되지 못했을 것이다. 추종자들을 끌어모은 것은 단지 그분의 메시지만이 아니었을 것이다. 그것은 다른 사람들과 관계를 맺는 그분의 능력이었을 것이다. 이것은 뻔한 말처럼 보일지 모르지만, 리더십에 대해 이야기할 때 대단히 중요하다. 리더십의 성과는 관계의 결과이기 때문이다.

예수님이 로마 황제 같은 지도자였다고 한번 생각해보라. 당신은 정말로 2천 년 후에 사람들이 예수님을 리더십의 역할 모델로 언급하리라고 생각하는가? 리더십 관련 문헌에서 그분의 이야기가 중요하게 다루어지는 것은 단지 그분이 말씀하신 것 때문만이 아니라, 그분이 어떻게 행동하셨는가 하는 것 때문이다.

리더십은 인도하기를 갈망하는 사람과 따르기로 선택하는 사람 간의 관계다. 때로 그 관계는 일대일로 이루어진다. 때로는 일대 다수다. 숫자와는 상관없이, 지금 같은 불안한 시기에 성공하려면 크리스천 리더들은 리더십 관계의 역학을 통달해야 한다.

다섯 가지 강력한 주제가 이 책을 엮어준다. 그 주제들은 상황에 상관없이 믿음이 어떻게 리더십을 지도하고 지원하는지 더 깊이 인식하게 해준다. 그 주제들은 또한 크리스천 리더들이 리더십 관계의 역학을 이해하는 데 중대한 기여를 한다. 모든 저자들이 갖가지 형태로 반복해서 말하는 다섯 가지 핵심 메시지는 다음과 같다.

1. 신뢰성은 리더십의 토대다.
2. 리더십은 인격적인 것이다.
3. 리더는 섬긴다.
4. 리더는 희생한다.
5. 리더는 생생한 희망을 갖게 한다.

신뢰성은 리더십의 토대다

리더십이 관계라면, 그 관계의 토대는 무엇인가? 20년 이상, 세계 곳곳에서 우리는 사람들이 기꺼이 따를 만한 리더에게서 기대하고 경탄하는 것이 무엇인지 물어보았다. 이 질문에서 핵심 단어는 '기꺼이'라는 말이다. 언제나 반응은 같았다. 사람들이 리더에게서 기대하고 경탄하는 가장 중요한 개인적 자질은 신뢰성이다.[1] 신뢰성이야말로 리더십의 기초다. 사람들은 메신저를 믿지 않는다면 메시지를 믿지 않을 것이다. 이러한 조사 결과는 지난 20년간 너무나 일관되게 나왔기에 우리는 그것을 리더십의 첫 번째 법칙이라고 부른다.

그렇다면 행동 면에서 신뢰성이란 무엇인가? 우리는 이 질문을 수 없이 물어보았으며, 가장 흔히 나오는 대답은 "말한 대로 행하라(Do What You Say You Will Do, DWYSYWD)"는 것이다.

신뢰성을 이렇게 행동 면에서 묘사하는 것에는 두 가지 본질적 요소가 담겨 있다. 말하는 것과 행하는 것이다. 리더들은 뭔가를 대표하며, 뭔가를 믿고, 뭔가에 대해 신경을 쓴다. 그 다음에 그들은 그러한 이상에 근거해서 행동해야 한다.

2장에서 지적한 대로 신뢰성 있는 리더가 되기 위해, 우리 각자는 먼저 우리에게 중요한 것이 무엇인지 정해야 한다. 각 사람은 자신의 의견을 찾아내야 한다. 이 책의 저자 모두 이 점을 강조한다. 어느 누구도 자신의 믿음에 대해 애매모호하지 않았으며, 어느 누구도 자신이 믿고 있는 것에 대해 공공연히 이야기하는 것을 두려워하지 않았다.

물론 의견과 가치관은 대단히 여러 가지 방식으로 표현될 수 있다. 이 책에 나오는 모든 리더는 독특하다. 그것은 당신도 마찬가지다. 의견과 가치는 사업가, 자원봉사자, 부모, 교사, 선교사, 목사 혹은 어떤 역할을 가진 어떤 사람도 표현할 수 있다. 또한 농장에서, 선교지에서, 커피점에서, 자선 단체에서, 강의실에서, 교회에서, 가정에서 혹은 다른 사람들이 있는 어떤 곳에서도 표현할 수 있다. 의견과 가치는 월요일에서 금요일까지 그리고 토요일과 주일에도 표현될 수 있다. 그것은 사람들이 섬김을 받을 필요가 있는 어느 때, 어느 곳에서든 표현될 수 있다.

물론 크리스천 리더들에게 각 사람의 의견은 하나의 공유된 가치를 노래하는 찬양대 한 사람 한 사람의 목소리와 같다. 곡조의 배후에는 박자가 있으며 그 박자는 통합성을 가진 삶, 즉 주린 자를 먹이는 것, 가난한 자를 섬기는 것, 고난받는 자를 돕는 것, 복음을 전파하는 것에 대해 마음

깊이 품은 믿음들로부터 나온다.

하지만 많은 리더 지망생들이 배제하고, 타락한 지도자들이 잊어버린 듯이 보이는 것은 DWYSYWD의 '행함' 부분이다.

얼마 전에, 제임스(이 책의 공저자)는 자신의 어머니와 함께 워싱턴에 있는 웨슬리 신학교 학장인 데이빗 매칼리스터 윌슨을 방문하고 있었다. 데이빗이 모임에서 돌아오기를 기다리고 있는 동안, 데이빗의 비서 메리 베이츠(Mary Bates)가 그들에게 커피를 한 잔씩 가져다주었다.

어머니가 커피 잔을 들었을 때 제임스는 잔 옆부분에 어떤 글귀가 새겨져 있는 것을 보게 되었다. "네가 걷고 있는 길은 나에게로 오는 길인가? - 하나님"이라고 쓰여 있었다.

그 문장은 이 불안정한 세상에서 신뢰성이 얼마나 중요한가를 다시 한 번 상기시켜주었다. 당신이 남기는 유산은 당신이 영위하는 삶이다. 당신이 가는 길은 하나님이 계신 곳으로 사람들을 데려다줄 것인가? 이 책에 나오는 리더들이 자신의 가치관에 충실한 길을 따랐으며, 기독교의 원리와 일관된 행동을 하고 있었다는 것에는 의문의 여지가 없다. 완전한 사람은 아무도 없으며, 성자는 아무도 없다. 하지만 모든 사람은 "말한 대로 행하라"는 메시지를 심각하게 받아들여야 한다.

리더십은 인격적인 것이다

리더십은 신뢰성이 토대가 되므로, 개인의 지도력은 모범적 리더십에 대한 모든 논의에서 중심이 된다. 우리는 순전히 추상적이거나 개념적으로 어떤 주제에 대해 심각하게 논의하기는 어렵다. 리더십은 인격적인 것이다. 그러나 리더십은 추상적이거나 개념적인 것이 아니다. 궁극적으로 그것은 당신과 나에 대한 것이다.

직원들의 참여에 대한 연구를 보면 이러한 메시지를 분명하게 알 수 있다. 400개 이상의 회사에서 일하는 8만여 명의 관리자들을 연구한 결과, 직원들이 직장 생활을 할 때 다른 어떤 단독적 요소, 예를 들면 월급, 급부금, 상여금보다 더 중요한 영향을 끼치는 요소가 직속 상사라는 결과가 나왔다.[2] 어떤 사람이 자발적으로 어떤 조직에 남을지 떠날지에 가장 영향을 미치는 요소가 직속 상사라는 말이다. 다시 말해, 사람들은 그들이 몸담은 조직을 떠나는 것이 아니라 그들은 그들의 지도자를 떠나는 것이다. 종교 기관으로까지 확대해보아도 비슷한 결과를 얻을 수 있다.[3] 교인들의 영적 헌신은 교회에 대한 참여에 의해 정해지는데, 그 참여는 그들이 어떤 지도자를 두고 있는가 하는 것과 직접 관련되어 있다.

이 책에서 다루고 있는 사람들은 리더십을 개인적으로 받아들였다. 그들은 자신들이 행동하도록 부름받았다고 느꼈으며, 그 기회를 포착했다. 어쩔 수 없이 도전에 직면했건, 그들이 도전을 찾아나섰건, 그들은 자신들의 도전에 대해 개인적으로 책임을 졌다. 당신이 자신의 가치관과 믿음을 어디에서 어떻게 표현하든 간에, 당신은 당신의 리더십에 책임 의식을 가져야 한다. 주도권을 쥐는 것은 지위와는 아무런 상관이 없다. 그것은 태도와 행동의 문제다.

리더십은 개인적인 것이기 때문에, 그것은 또한 리더십을 개발하는 것이 자기 자신을 개발하는 것을 의미한다. 엔지니어들은 자기 컴퓨터를 가지고 있고, 화가는 자기 붓과 캔버스를 가지고 있을지 모르지만, 리더는 오로지 자기 자신뿐이다. 리더십의 도구는 자신이며, 리더십 기술을 통달하는 것은 자신을 통달하는 것에서 온다.

자기 개발은 새로운 정보를 가득 채워 넣거나 최신 기술을 시도해보는 것이 아니다. 그것은 이미 당신의 영혼 속에 있는 것을 끌어내는 것이다. 그것은 당신 안에 있는 리더를 해방시키는 것이다. 그것은 당신 자신을 자유케 하는 것이다.

리더는 섬긴다

예수님은 어떤 조직의 공식 지도자로 선출된 적이 없음을 기억하라. "투표에서 51퍼센트 득표하여, 나사렛 예수가 당선되었습니다!" 이사회가 모여서 예수님을 그들의 CEO로 선출한 것도 아니었다. 그분은 자신이 행하셨던 일에 대한 공식적, 조직적 권한은 전혀 가지고 계시지 않았다. 그분은 그저 리더처럼 행동했으며, 다른 사람들은 그분을 믿고 따르기 시작했다.

세속적인 리더십 사회에서, 사람들은 '리더'와 'CEO'를 동일시하는 데 익숙해져서 그 두 단어가 같은 의미를 지니게 되었다. 교회의 계급 제도에 대해서도 같은 말을 할 수 있을 것이다. 오래된 명령과 권위주의적 리더십이 여전히 권한의 회랑에 출몰하며, 고대의 관습이라는 유령이 여전히 우리의 정신을 사로잡고 있다. 분명, CEO는 리더처럼 행동해야 한다. 하지만 CEO를 리더로 만드는 것은 그 칭호가 아니다. 리더십은 지위에 대한 것이 아니다. 그것은 실천에 대한 것이다. 리더십은 수여되는 것이 아니라 획득하는 것이다.

 이것이 이 책의 또 한 가지 일관된 메시지다. 이 책의 모든 기고자들은 리더는 섬겨야 한다고 말한다. 우리는 모든 연구 사례에서 그것을 볼 수 있다. 리더는 하나의 목적을 위해 섬긴다. 다른 사람들을 그렇게 하도록 인도하는 것과 마찬가지다.4 그들은 조직의 인도 원리를 모든 사람 앞에 제시하고, 그에 맞게 살려고 애를 쓴다. 그들은 사람들이 동의한 것에 대해 솔선수범하여 행한다. 리더십의 교훈은 섬김이며, 리더가 섬기는 자라는 것은 리더십의 원리에 대한 가장 중대한 기독교의 가르침일 것이다.

 섬기는 리더십이라는 개념은 최근 점점 더 주목을 받고 있다. 하지만 일반적인 리더십 문헌에서는 그것이 새로운 것이 아니다. 30년 전에, 로버트 그린리프(Robert Greenleaf)는 "위대한 리더는 먼저 종으로 나타나며, 그 단순한 사실이 위대함의 비결이다"5라는 점을 지적했다. 〈포춘(Fortune)〉지가 선정한 500대 회사 가운데 한 회사의 고위 임원이었던 그린리프는 생의 마지막 30년을 리더십에 대해 성찰하고 글을 쓰면서 보냈다. 그는 섬김의 개념을 맨 먼저 믿은 사람들, 섬기는 지도자였던 사람들이 또한 가장 성공한 사람들이었다는 것을 발견했다. 이것에 대한 최고의 시험 수단은 다음과 같다고 그린리프는 말했다.

> 섬김을 받는 사람들이 과연 인격적 존재로서 성장하는가? 그들은 섬김을 받는 동안 더 건강해지고, 더 지혜로워지며, 더 자유로워지고, 더 자율적이 되며, 그들 스스로 다른 사람들을 섬기는가? 그리고 이들이 사회에서 가장 혜택받지 못한 사람들에게 미치는 영향은 무엇인가? 그들은 유익을 얻을 것인가? 아니면

더 이상 박탈당하지 않는 데 급급한가?⁶

그린리프의 가르침은 전세계적으로 신뢰를 얻었으며, 그 가르침들이 오늘날에도 계속 공감을 불러일으킨다는 사실은 그의 메시지가 지닌 힘을 증거한다. 그린리프는 모든 종교, 조직, 국가의 지도자들에게 글을 쓰고 있다. 그는 어떤 한 청중에게만 말하는 것이 아니다. 하지만 특별히 종으로서의 리더라는 메시지는 분명 모든 크리스천의 마음에 와 닿는 것이다. 이 책의 저자들은 먼저 자신이 종이 되지 않는다면 크리스천 리더가 될 수 없다고 주장한다. 여기에는 선택의 여지가 없다. 그렇거나, 그렇지 않거나 둘 중 하나다. 그것은 당연한 일이다.

리더는 희생한다

이 책의 모든 장들에 흐르고 있는 또 다른 사고는 리더는 더 중요한 무언가를 얻기 위해 다른 무언가를 포기해야 한다는 메시지다. 그들은 안락함, 재물, 안정됨, 시간 심지어 개인의 안전을 포기할 수도 있다. 대신 그들이 얻는 것은 다른 사람들이 그들의 섬김의 혜택을 입었다는 것을 아는 큰 기쁨과 만족이다.

리더는 헌신적이다. 리더는 희생한다. 그리고 희생함으로써 그들은 자신을 위해 그 일을 하고 있는 것이 아님을 보여준다. 대신 그들은 다른 사람들의 유익을 마음에 두고 있다. 리더들이 먼저 자신이 종이라는 것을 받아들일 때, 그들은 자신들이 어디에 서 있는지 분명히 안다. 그리고 그들은 선두에 서 있지 않다.

　이것은 수백 억짜리 거래를 성사시키고, 심지어 회사가 망할 때에도 자신은 부자가 되어 떠나는 수퍼 스타 임원과는 상당히 거리가 있다. 또한 높은 자리에 앉아 나머지 사람들이 누리지 못하는 것을 누리는 것은 더더욱 아니다. 그런 사람들은 기독교 신앙을 가졌을지는 모르지만, 그들의 행동은 신앙과는 전혀 맞지가 않다.

　우리가 연구를 하면서 일관되게 발견한 사실 가운데 또 한 가지는, 사람들은 고무적이고, 낙관적이며, 열정적인 리더를 원한다는 것이다. 사람들은 열정을 가진 리더를 원한다. 열정적인 사람이라고 할 때, 우리는 대의를 위해 많은 열심과 흥분과 열의를 가진 누군가를 생각한다. 이 모든 것은 정확하다. 하지만 이 말에는 그 이상의 의미가 있다. 어원 사전에서 열정(passion)이라는 단어를 찾아보면, 그 말이 고통과 고난을 뜻하는 헬라어에서 나온 것임을 알 수 있다.[7]

　열정적인 사람은 고난을 받는 사람이다. 동정적인(compassionate) 사람은 다른 사람들과 함께 고난을 받는 사람이다. 이것을 학생들과 고객들에게 지적하면, 그들은 그것을 재빨리 이해한다. 그들이 가장 찬탄해 마지 않는 리더는 가장 고난을 많이 받은 리더, 가장 희생을 많이 한 리더라는 사실이 점점 더 분명해진다.

　이것은 대단히 가혹한 기준처럼 들릴지도 모른다. 하지만 그것은 우리가 결정한 것이 아니다. 그것은 예수님의 결정이다. 그분은 궁극적인 희생을 하셨다. 우리는 당신이 훌륭한 리더임을 입증하기 위해 십자가를 지거나 가시 면류관을 쓰라고 규정하고 있지 않다. 하지만 리더십은 더 고귀한 목적을 위해 기꺼이 개인적인 희생을 요구한다고 명확하게 시사하고 있다.

헌신적 행동에는 대단히 긍정적인 결과가 있다. 리더들이 헌신적이고 겸손할 때, 사람들은 그들을 신뢰하는 경향이 훨씬 더 크다. 자신보다 다른 사람들을 우선으로 여기는 것 그리고 진심으로 그렇게 하는 것은 당신 자신이 맨 앞에 서려 애쓰는 것보다 당신이 더 신뢰받도록 해줄 것이다.

리더는 계속 소망을 갖게 한다

2000년대에 들어선 지 얼마 되지 않았지만, 우리는 벌써 극도로 불안정한 경제적, 정치적, 사회적 격변을 경험했다. 예상은 여전히 상당히 우울하다. 하지만 구름이 시야를 가렸다 해서 태양이 없는 것은 아니다. 어쨌든 모범적 리더들은 그렇게 본다. 이 책에 나오는 사례들을 검토해볼 때, 우리는 각 상황에서 마주한 역경들이 대단했음을 보게 된다. 그 역경들은 리더들이 그들의 임무를 계속해나가지 못하도록 좌절시킬 수도 있었을 것이다. 하지만 그들은 낙심하지 않았다. 그들은 계속 소망을 갖고 있었다.

크리스천 리더들은 섬김과 희생이 구속적이라는 것을 안다. 그들은 더 고귀한 목적을 위해 그리고 다른 사람들을 섬기기 위해 희생할 때, 더 깊은 보상이 있다는 것을 안다. 그들은 우리 시대의 더욱 커진 냉소주의와 스트레스의 효과적인 해독제는, 인간의 능력에 대한 새로운 믿음과 함께 극복할 수 있다는 강력한 낙관주의에 있다는 것을 안다.

리더는 계속 소망을 갖게 한다. 그들은 그들의 확신에 대한 용기를 보여줌으로 계속 소망을 갖게 한다. 그들은 미래에 대한 긍정적인 미래상을 그림으로 계속 소망을 갖게 한다. 그들은 변화의 주도권을 잡음으로 계속 소망을 갖게 한다. 그들은 다른 사람들의 능력을 신뢰함으로 계속 소망을 갖게 한다. 그들은 다른 사람들이 비범한 일을 이루었을 때 그들의 헌신을 인정해줌으로 계속 소망을 갖게 한다.

소망은 행동으로 표현된다. 그것은 사람들이 치유와 성취 능력을 발휘할 수 있도록 한다. 그것은 그들이 오늘의 어려움을 초월하고 내일의 잠재력을 마음속에 그리게 한다. 소망은 사람들이 위대함을 열망하려는 뜻과 길을 발견할 수 있도록 한다. 소망은 인간의 영혼이 지닌 능력에 대한 증거다. 리더십은 종종 투쟁이며, 유일한 성공의 길은 계속 소망을 갖는 것이다.

리더가 될 기회는 많다. 즉, 세상에서 변화를 일으킬 기회는 부족하지 않다. 당신의 가정이라는 세상에서건, 이웃, 교회 교인들, 학교, 혹은 회사라는 세상에서건 도전은 위대함을 이루는 기회가 된다. 그리고 리더들은 변화를 이루기 위해 이 기회들을 포착한다.

리더들이 이루는 가장 중대한 공헌은 오늘 그들에게 내려진 평가나 결론에 대한 것이 아니다. 그것은 적응하고, 성공하며, 성장하는 사람들과 조직의 장기적 발전에 대한 것이다. 만약 다음에 당신이 "왜 그들은 아무것도 하지 않는가?"라고 혼잣말을 하게 될 때, 거울을 들여다보라. 당신 눈앞에 있는 사람에게 "왜 당신은 아무것도 하지 않는가?"라고 물으라.

주

01 리더십은 모든 사람에게 필요하다

1. J. M. Kouzes and B. Z. Posner, The Leadership Practices Inventory(San Francisco: Pheiffer, 2003). The Leadership Practices에 대한 정보를 보려면, www.leadershipchallenge.com을 방문해보라.

2. The Five Practices of Exemplary Leadership®은 Kouzes and Posner의 등록 상표다. 판권 소유. The Five Practices에 대한 광범위한 논의로는 Kouzes and Posner, 「리더(The Leadership Challenge, 크레듀)」를 보라.

3. J. C. Maxwell, 「리더십 21가지 법칙(The 21 Irrefutable Laws of Leadership, 청우)」

4. P. Lencioni, 「CEO가 빠지기 쉬운 5가지 유혹(The Five Temptations of a CEO, 위즈덤 하우스)」

5. Blanchard and S. Johnson, 「1분 경영(The One Minute Manager, 21세기 북스)」

02 모범적인 리더십의 다섯 가지 원칙

1. 우리 웹사이트 www.leadershipchallenge.com에 방문하면 이 연구 요약을 볼 수 있다. "Guide to Research" 부분으로 가면, "Religious"라는 항목에서 많은 연구

요약을 볼 수 있을 것이다.

03 리더십의 본을 보이라

1. Kouzes and Posner, 「리더」

04 공통의 비전을 강화하라

1. M. L. King Jr., "I've Been to the Mountaintop" 1968년 4월 3일 테네시 Memphis의 Mason Temple에서 파업 중인 공중 위생 시설 근로자들을 지지하면서 한 연설. New York, New York 소유자 대행인인 Estate of Martin Luther King Jr., c/o Writers House와 합의 하에 재인쇄함. 판권 1968 Dr. Martin Luther King Jr., copyright renewed 1991 Coretta Scott King.

2. B. Shore, 「The Cathedral Within」(New York: Random House, 1999).

3. 2003년 5월 16일 Beecher와의 대화.

4. 2001년 9월 11일, Fairlington United Methodist Church.

5. Kouzes and Posner, 「리더」

6 L. H. Weems Jr., 「Church Leadership: Vision, Team, Culture, and Integrity」(Nashville: Abingdon Press, 1993), 58.

7. Weems, "There is Still a Vision." 1992년 10월 23일, General Council on Ministries, United Methodist Church, Dayton, Ohio에게 한 연설.

8. L. Russell, "A Song for You," Leon Russell Shelter, A & M Records, 1970 앨범에서.

9. Fairlington United Methodist Church 재정 보고.

10. J. K. Matthews 감독이 Gandhi와의 대화에 대해 말한 것.

05 변화의 과정에 도전하라

1. Kouzes and Posner, 「리더」

2. Kouzes and Posner, 「리더」

3. J. Collins, 「좋은 기업을 넘어 위대한 기업으로(Good to great, 김영사)」

4. Kouzes and Posner, 「리더」

5. Kouzes and Posner, 「리더」

6. Kouzes and Posner, 「리더」

7. Kouzes and Posner, 「리더」

8. Kouzes and Posner, 「리더」

06 사람들을 행동하게 하라

1. Kouzes and Posner, 「리더」

2. Kouzes and Posner, 「리더」

3. M. Novak, Business as a Calling: Work and the Examined Life(New York: Free Press, 1996).

07 마음을 격려하라

1. Blanchard and Johnson, 「1분 경영」

2. G. MacDonald, 「내면 세계의 질서와 영적 성장(Ordering Your Private World, IVP)」

3. Collins, 「좋은 기업을 넘어 위대한 기업으로」

4. K. Blanchard and J. Stoner, 「비전으로 가슴을 뛰게 하라(Full Steam Ahead, 21세기북스)」

5. Kouzes and Posner, 「리더」

6. Blanchard and Johnson, 「1분 경영」

7. Blanchard and R. Lorber, Putting the One Minute Manager to Work(New York: Penguin, Putnam, 1998).

8. Kouzes and Posner, 「리더」

9. Blanchard and S. Bowles, 「겅호!(Gung Ho!, 21세기 북스)」

켄 블랜차드의 다른 책으로는 다음과 같은 것들이 있다.

- Blanchard and P. Hodges, 「섬기는 리더 예수(The Servant Leader, 21세기북스)」

- Blanchard and S. T. Cathy, The Generosity Factor(Grand Rapids, Mich.: Zondervan, 2002).

- Blanchard, T. Lacinak, C. Tompkins, and J. Ballard, 「칭찬은 고래도 춤추게 한다(Whale Done!, 21세기북스)」

- Blanchard, B. Hybels, and Hodges, 「멘토링으로 배우는 예수님(Leadership by the Book, 두란노)」

08 리더십은 관계다

1. 신뢰성에 대한 우리 연구의 요약에 대해서는 Kouzes and Posner, 「리더」를 보라. 또한 Kouzes and Posner, 「Credibility: How Leaders Gain and Lose It, Why People Demand It」(San Francisco: Jossey-Bass, 2003)을 보라.

2. M. Budkingham and C. Coffman, 「First, Break All the Rules: What the World's Greatest Managers Do Differently」(New York: Simon & Schuster, 1999), 34.

3. 종교과 가치관에 대한 The Gallup Organization의 연구에 대해 더 알려면

www.gallup.com에 방문해보라. 특히 A. L. Winseman's, The Driving Factor Behind Spiritual Health, The Gallup Tuesday Briefing, July 9, 2002를 보라.

4. Kouzes and Posner, 「Credibility」, 183-217을 보라.

5. R. K. Greenleaf, 「서번트 리더십 원전(Servant Leadership, 참솔)」 Greenleaf의 삶과 글에 대해 더 광범위하게 알려면, www.greenleaf.org의 The Greenleaf Center for Servant-Leadership on the Web에 연락해보라. 관심이 있는 독자는 또한 J. A. Autry의 「The Servant Leader: How to Build a Creative Team, Develop Morale, and Improve Bottom-Line Performance」(Roseville, Calif.: Prima Publishing, 2001)을 즐겨볼 수도 있다.

6. Greenleaf, 「서번트 리더십 원전」

7. E. Partridge, 「Origins: A Short Etymological Dictionary of Modern English」 (New York: Macmillan, 1977), 75.

리더십 추천 도서

01, 02, 08

- Warren Bennis, 「워렌 베니스의 리더(On Becoming a Leader, 김영사)」
- James MacGregor Burns, 「Leadership」(New York: HarperCollins, 1978).
- Jim Collins, 「좋은 기업을 넘어 위대한 기업으로」
- Howard Gardner, 「통찰과 포용(Leading Minds, 북스넛)」
- John Gardner, 「On Leadership」(New York: Free Press, 1990).
- James M. Kouzes and Barry Z. Posner, 「리더」
- John C. Maxwell, 「리더십 21가지 법칙」
- Edgar H. Schein, 「Organizational Culture and Leadership」(San Francisco: Jossey-Bass, 1992).
- Lovett H. Weems Jr., 「Take the Next Step: Leading Lasting Change in the Church」(Nashville, Tenn.: Abington Press, 2003).

03

- David Batstone, 「Saving the Corporate Soul and(Who Knows?) Maybe Your

Own」(San Francisco: Jossey-Bass, 2003).

- James M. Kouzes and Barry Z. Posner, 「Credibility: How Leaders Gain and Lost It, Why People Demand It」(San Francisco: Jossey-Bass, 1993, Paperback version 2003).

- Max De Pree, 「리더십은 예술이다(Leadership Is an Art, 한세)」

- Robert K. Greenleaf, 「서번트 리더십 원전」

- Charles C. Manz, 「예수의 비지니스 리더십(The Leadership Wisdom of Jesus, 해냄출판사)」

- John C. Maxwell, 「Running with Giants: What Old Testament Heroes Want You to Know about Life and Leadership」(New York: Warner Books, 2003).

- Michael Novak, 「소명으로서의 기업(Business as a Calling, 한국경제신문사)」

- Parker J. Palmer, 「Let Your Life Speak: Listening to the Voice of Vocation」(San Francisco: Jossey-Bass, 2000).

- Terry Pearce, 「커뮤니케이션 리더십(Leading Out Loud, 예문)」

04

- Boyd Clarke and Ron Crossland, 「The Leader's Voice: How Leaders Communicate During Turbulent Times」(New York: Select Books, 2002).

- Gary Hamel, 「꿀벌과 게릴라(Leading the Revolution, 세종서적)」

- Jennifer James, 「Thinking in the Future Tense: Leadership Skills for the New Age」(New York: Simon & Schuster, 1996).

- Richard J. Leider and David A. Shapiro, 「Whistle While You Work: Heeding Your Life's Calling」(San Francisco: Berrett-Koehler, 2001).

- Burt Nanus, 「리더는 비전을 이렇게 만든다(Visionary Leadership, 21세기북스)」

- Peter Schwartz, 「미래를 읽는 기술(The Art of the Long View, 비지니스북스)」
- Andy Stanley, 「비저니어링(Visioneering, 도서출판 디모데)」
- Bruce Sterling, 「Tomorrow Now: Envisioning the Next Fifty Years」(New York: Random House, 2003).
- Margaret Wheatley, 「Leadership and the New Science」(San Francisco: Berrett-Koehler, 1992).

05

- Arlene Blum, 「Annapurna: A Woman's Place, Twentieth Anniversary Edition. San Francisco」(Sierra Club Books, 1998).
- Mihaly Csikszentmihalyi, 「몰입의 즐거움(Finding Flow, 해냄출판사)」
- Richard Farson and Ralph Keyes, 「Whoever Makes the Most Mistakes Wins: The Paradox of Innovation」(New York: Free Press, 2002).
- Ronald Heifitz and Marty Linsky, 「Leadership on the Line: Staying Alive through the Dangers of Leading」(Boston: Harvard Business School Press, 2002).
- Richard Foster and Sarah Kaplan, 「창조적 파괴(Creative Destruction, 21세기 북스)」
- Tom Kelly, with Jonathan Littman, 「유쾌한 이노베이션(The Art of Innovation, 세종서적)」
- Patrick Lencioni, 「CEO가 빠지기 쉬운 5가지 유혹」
- Louis Patler, 「Tilt! Irreverent Lessons for Leading Innovation in the New Economy」(Oxford, England: Capstone, 1999).

06

- Michael Abrashoff, 「It's Your Ship: Management Techniques from the Best Damn Ship in the Navy」(New York: Warner, 2002).

- Ken Blanchard, John Carlos, and Alan Randolph, 「The Three Keys to Empowerment」(San Francisco: Berrett-Koehler, 1999).

- Peter Block, 「The Empowered Manager: Positive Political Skills at Work. San Francisco: Jossey-Bass」(1987, Paperback version 1991).

- Marcus Buckgham and Curt Coffman, First, 「사람의 열정을 이끌어내는 유능한 관리자(Break all the Rules, 21세기북스)」

- Roger Fisher and William Ury, 「Getting to Yes」(New York: Penguin, 1988).

- Malcolm Gladwell, 「티핑 포인트(The Tipping Point, 21세기북스)」

- Daniel Goleman, 「Working with Emotional Intelligence」(New York: Bantam, 1998).

- Charles A. O'Reilly and Jeffrey Pfeffer, 「Hidden Value: How Great Companies Achieve Extraordinary Results with Ordinary People」(Boston: Harvard Business School Press, 2000).

- Jack Stack and Bo Burlingham, 「위대한 비지니스 게임(A Stake in the Outcome, 김앤김북스)」

07

- Ken Blanchard, Thad Lacinak, Chuck Tompkins, and Jim Ballard, 「칭찬은 고래도 춤추게 한다」

- Terrence Deal and M. K. Deal, 「Corporate Celebrations: Play, Purpose, and Profit at Work. San Francisco」(Berrett-Koehler, 1998).

- Adrian Gostick and Chester Elton, 「행복한 회사를 만드는 당근 법칙

(Managing with Carrots, 한언)」

- Dave Hemsath and Leslie Yerkes, 「재미있게 일하는 301가지 방법(301 Ways to Have Fun at Work, 물푸레)」

- James M. Kouzes and Barry Z. Posner, 「격려의 힘(Encouraging the Heart, 에코비즈)」

- Bob Nelson, 「직원 기 살리는 1001가지 경영(1001 Ways to Reward Employee, 미래경영개발연구원)」

감사의 말

우리는 20년 이상 한 팀으로 글을 써왔다. 매번 새로운 프로젝트를 시작할 때마다 누리게 되는 많은 즐거움 가운데 하나는 매력적이고, 헌신적이며, 재능이 많은 수많은 사람들과 함께 일할 기회를 갖는 것이다. 우리는 협력이야말로 소중히 간직해야 할 미덕임을 계속해서 배우고 또 배운다. 「크리스천 리더십 챌린지」의 경우 더욱 그랬다. 이번에 처음으로 우리는 다른 사람들이 우리가 제시한 모델에 대해 매우 설득력 있게 쓴 글을 모은 책의 편집자로 일할 기회를 가졌기 때문이다. 우리는 그들과 함께한 것을 큰 영광으로 여긴다.

우리는 기독교 신앙의 배경에서 모범적 리더십의 다섯 가지 원칙의 의미를 성찰하고, 그들의 생각을 기록하는 데 수많은 시간을 내준 다섯 명의 크리스천 리더들에게 심심한 감사를 표한다. 독자들은 그들이 이 책에서 말하는 내용을 읽는 기쁨을 누리겠지만, 우리는 1년 이상 그들과 함께 작업하는 부가적 특권을 누렸다. 존 맥스웰, 데이빗 매컬리스터 윌슨, 패트릭 렌시오니, 낸시 오트버그, 켄 블랜차드에게 감사를 전한다. 그들은 리더십에 대한 우리의 이해를 풍성하게 해주었고, 우리의 삶 역시 풍성하게 해주었다.

이 책의 특징 가운데 하나는 실제 조직에서, 실제 일을 행하는, 실제 인물들의 경우를 많이 포함시켰다는 것이다. 그들은 모든 독자들이 알 만한 유명인들은 아니다. 업계 신문에 표지 인물로 등장하는 그런 사람들은 아니라는 뜻이다. 하지만 이 책에 나오는 모든 등장 인물들은 우리의 세계를 개선시키는 데 의미 있고 잊지 못할 기여를 했다. 각각은 우리 모두에게 모범적인 역할 모델이 되어주었다. 그들의 행동은 독자들이 만나게 될 어느 훌륭한 리더 못지 않으며, 그들은 이 책의 주역이다. 베티 빈, 릴라스 브라운, 몬테 캠벨, 월트 그리핀, 아담 해밀턴, 켄 혼, 마이클 조셉, 존 세이지… 우리에게 여러분의 이야기를 해준 것에 감사한다.

또한 인터뷰에 응해준 애니타 벌크, 안드레 델벡, 필리스 젤리, 밥 먼스, 로벳 웜스에게 감사한다. 크리스천 리더의 모범적인 리더십에 대한 그들의 통찰은 우리가 글을 쓰는 데 지침이 되었다. 동료인 밥 앤더슨, 데이빗 뱃스톤, 로라 내쉬는 또한 우리가 살펴볼 사례 표본을 주의 깊게 선정해주었다.

하지만 존 맥스웰과 인조이 그룹의 동료들이 없었다면, 이 책은 단 한 마디도 쓰이지 못했을 것이다. 존은 모범적인 리더십의 다섯 가지 원칙을 그의 리더십 컨퍼런스의 기본 틀로 사용하는 것을 제안했으며, 그러한 친절한 초대로 시작된 여정의 결과가 바로 이 책이다. 아케미 콜, 린다 에거스, 트리이사 클레그혼, 조이 그룹스, 케빈 스몰, 그 외 인조이의 다른 열정적 회원들에게 감사를 드린다. 그들은 언제나 우리의 사기를 북돋아준다.

앤지 키슬링은 인터뷰를 하고 그들의 말을 기록된 문서로 옮기는 데 탁월한 재능을 보여주었다. 앤지의 비상한 솜씨가 없었더라면, 이 책은 제대로 시동조차 걸지 못했을 것이다. 마르시아 포드 또한 벼랑 끝에 몰린 한 조직에서 신뢰를 회복하기 위해 노력하는 어느 리더의 도전에 대한 멋진 사례를 기고해주었으며, 이 책의 본문 1, 2장에 알맞는 성경 본문을 찾는 데 도움을 주었다.

우리는 조앤 존슨과 함께 몇 권의 책을 같이 작업했다. 그녀가 가진 많은 은사 가운데 잘 듣는 귀와 솜씨 좋은 손가락이 있다. 그녀는 오랜 시간 인터뷰를 하고 스케줄에 맞게 그것을 엄청난 양의 지면에 기록해주었다. 대부분의 사람들은 절대 그렇게 하지 못할 것이다. 그녀가 도대체 어떻게 그렇게 할 수 있는지 모르겠지만, 언제나 우리가 앞으로 전진하도록 큰 힘이 돼주는 그녀에게 심심한 감사를 표한다.

우리는 우리가 쓴 리더십에 대한 모든 책, 문서, 워크북들을 출판사 조시 바스(Jossey-Bass)와 함께 작업했다. 우리는 그들이 리더십 책을 내는 탁월한 출판사라고 믿으며, 엄청난 재능을 가진 그들의 편집진과 지원들은 업계의 부러움을 사고 있다. 이 책의 편집자인 줄리아나 구스탑슨은 집요한 끈기와 부드러운 인내 그리고 뛰어난 업무 능력과 다른 사람들에게 능력을 부여하는 격려가 결합된 사람이다. 이 책이 실제로 출판되었다는 사실이 바로 이 프로젝트의 가치에 대한 그녀의 믿음 그리고 다른 사람들과 함께 일하는 그녀의 놀라운 능력에 대한 증거다. 우리와 다른 저자들이 이 책의 각 장들을 썼을지는 모르지만, 줄리아나는 처음부터 끝까지 이 프로젝트를 이끌고 지도했으며, 관련된 사람은 누구나 알듯이 그것은 정말 놀라운 업적이다. 그녀와 함께 일한 사람 가운데 캐더린 크래덕이 있는데, 그녀는 인터뷰를 하고 관련 사례들을 출판하기 위한 허락을 받아냈다. 메리

가렛은 우리의 제작 편집자로, 마술과도 같은 일을 했다. 원고 파일이 있던 곳에서 책이 나타나도록 했던 것이다. 샌디 시글, 에릭 트레서, 마이클 쿡, 그 외 조시 바스 팀의 다른 사람들 모두 이 책이 독자들의 손에 들어가도록 돕는 복잡한 일들을 진행시키기 위해 막후에서 중대한 기여를 했다.

여러분 한 분 한 분에게 축복이 있기를 바란다.

2004년 1월
캘리포니아 산타클라라에서
제임스 쿠제스와 베리 포스너

저자 소개

● 제임스 쿠제스와 베리 포스너는 수상작이자 베스트셀러인 「리더(The Leadership Challenge)」를 공동 저술했다. 게다가 그들은 「Credibility」(1993, 2003)도 공동 저술했다. 그 책은 「격려의 힘(Encouraging the Heart, 에코비즈)」, 「The Leadership Challenge Journal」(2003), 「The Leadership Challenge Workbook」(2003)과 함께, 산업 주간지 〈인더스트리 위크〉 지에 올해의 최고 경영서 5권 중 하나로 선정되었다. 제임스와 베리는 또한 큰 갈채를 받은 '리더십 실제 조사(LPI)'를 개발했다. LPI는 리더십 행동을 평가하는 360등급으로 된 설문지로, 세계에서 가장 널리 사용되는 리더십 평가 도구 중 하나다. 200개 이상의 박사학위 논문과 학술 연구 프로젝트가 이 책의 주요 내용인 '리더십의 다섯 가지 원칙'을 기초로 하고 있다. CRM 학습은 그들의 간행물에 기초한 수많은 리더십 및 경영 개발 비디오를 만들었다.

제임스와 베리는 국제경영협의회에서 수여하는, 세계적으로 그 권위를 인정받은 '윌버 M. 맥필리 상'의 2001년 수상자로 지명되었다. 이러한 영광을 받음으로 그들은 켄 블랜차드, 스티븐 코비, 피터 드러커, 에

드워드 드밍, 프란시스 헤셀바인, 리 아이아코카, 로자베스 모스 켄터, 노만 빈센트 필, 톰 피터스 등 그 상의 이전 수상자들과 어깨를 나란히 하게 되었다. 제임스와 베리는 인기 수련회 강사로 활동하며, 각자 수백 개의 조직에서 리더십 개발 프로그램을 시행하고 있다.

● 제임스 쿠제스는 산타클라라 대학 리버 경영대학원의 경영혁신과 기업가정신 센터의 실행 연구원이다. 그는 또한 각 조직들이 리더십 훈련 및 자문 솔루션을 이용해서 새로운 일의 세계를 만들어내는 톰 피터스 컴퍼니의 명예 회장이다. 제임스는 조지 딕슨의 책 「What Works at Work」(1988)와, 마셜 골드스미스, 베버리 케이, 켄 셸튼이 편집한 「Learning Journeys」(2000)에서 직장인 전문가 가운데 한 명으로 나온다. 그는 대단히 주목받는 리더십 학자며 노련한 임원일 뿐 아니라, 〈월스트리트〉지는 그를 대학에 적을 두지 않은 중역으로서 미국 회사들에 교육을 제공하는 가장 인기 있는 강사 12인 가운데 한 명으로 선정했다. 인기 있는 세미나 및 수련회 강사인 제임스는 개인과 조직 내에서 높은 성과에 기여하는 리더십 관행들에 대한 그의 통찰을 나누고 있다.

그는 1981년부터 1987년까지 산타클라라 대학에서 임원개발 센터를 지휘했으며, 그의 지도하에 임원개발 센터는 교육 진보 및 지원을 위한 위원회로부터 두 차례의 금메달을 받았다. 그는 또한 산호세 주립대학에 복지사업개발 센터를 공동 설립하여 1972년부터 1980년까지 운영했다. 그 전에는 텍사스 대학 사회사업학부에서 일했다.

그의 본격적인 활동은 1969년에 시작되었다. 그때 제임스는 남서부 도시 팀에 속해서 지역사회 활동국 직원 및 '빈곤과의 전투' 자원봉사자들을 위해 세미나를 열었다. 제임스는 미시간 주립대학에서 우등으로 정치학 학사 학위를 받았으며(1967), 조직 개발 인턴을 마치고 산호세 주립대학 경영대학원에서 수료증을 받았다(1974).

리더십에 대한 제임스의 관심은 그가 워싱턴에서 자라는 동안 시작되었다. 1961년에 그는 대통령 취임식 때, 존 F. 케네디의 명예 경호원으로 선발된 12명의 이글 스카우트 가운데 한 명이었다. 그는 케네디에게 영감을 받아, 1967년부터 1969년까지 평화봉사단으로 일했다. 제임스의 이메일은 jim@kouzesposner.com이다.

● 베리 포스너는 산타클라라 대학의 리비 경영대학원 학장이자 교수다. 그는 거기에서 가르침 및 혁신과 관련된 수많은 상을 받았는데, 그중에는 그의 단과 대학 및 대학 전체 최고 교수상도 포함되어 있다. 국제적으로 유명한 학자며 교육자인 베리는 100개 이상의 연구 조사 및 실무자 중심의 글을 쓰거나 공동 저술했다. 그런 글들은 〈미국 경영학회보〉를 비롯한 여러 학술지와 간행물에 실려 있다. 제임스 쿠제스와 공동 저술한 책들 외에도, 베리는 사업 경영에 대한 서너 권의 책을 공동 저술했다. 가장 최근에 나온 것으로는 「Chekered Flag Projects」가 있다. 베리는 〈매니지먼트 인콰이어리〉 지와 〈비지니스 에틱스〉 지의 논평 위원으로 활동하고 있다.

베리는 산타바바라의 캘리포니아 대학을 우등으로 졸업해 정치학 학사 학위를 받았고(1970), 오하이오 주립대학에서 공공 행정으로 석사 학위를 받았으며(1972), 아머스트의 메사추세츠 대학에서 조직 행동과 행정 이론으로 박사 학위(1976)를 받았다.

전세계 다양한 공공 부문 및 민간 부문 기관들의 고문 역을 해온 베리는 현재 미국 건축가 협회 및 새네제이 레퍼터리 극장 이사로 있다. 또한 산타클라라 대학에서 대학원 프로그램 부학장과 임원개발 센터의 경영 파트너로 일했다.

리더십에 대한 베리의 관심은 1960년대 후반, 대학 캠퍼스가 소란하고 불안할 때 시작되었다. 그는 집단 행동과 혼란하고 좌절스러운 무질서 상태 간의 균형을 이해하려는 노력에 참여하고 그것을 성찰했다. 베리의 이메일은 bposner@scu.edu이다.

제임스와 베리 그리고 그들의 저술한 책과 활동에 대해 더 알고 싶다면 www.theleadershipchallenge.com에 방문해보라.

● 켄 블랜차드는 켄 블랜차드 컴퍼니의 공동 설립자이자 임원이며, 그 회사는 직장 학습, 고용인 생산성, 리더십 효율성 등의 분야에서 세계적으로 인정받는 리더의 역할을 하고 있다. 그는 「1분 경영」「경호!」 및 수많은 다른 베스트셀러의 공동저자이기도 하다. 직장 내 영성에 대해 그가 공동저술한 두 권의 책 「멘토링으로 배우는 예수님」「섬기는 리더 예수」는 섬기는 리더십이라는 중요한 개념에 새로운 의미를 부여하고 있다. 켄은 사람들이 예수님과 같은 리더가 되도록 돕는 사역인 페이스워크 리더십 센터의 공동 설립자. 페이스워크에 대해 더 알고 싶으면 그들의 웹사이트인 www.faithwalkleadership.com에 방문해보라.

● 패트릭 렌시오니는 베스트셀러인 리더십에 대한 책들을 다수 지었다. 그의 책에는 「팀이 빠지기 쉬운 5가지 함정(The Five Dysfunctions of a Team, 위즈덤 하우스)」, 「CEO가 빠지기 쉬운 5가지 유혹」, 「회의가 살아야 회사가 산다(Death By Meeting, 황금가지)」 등이 있다. 테이블 그룹의 회장이자 설립자인 패트릭은 해마다 수천 명의 리더들과 함께 많은 기관의 강사와 고문으로 활동한다. 샌프란시스코 베이에 기반을 둔 경영 자문 회사인 테이블 그룹은 임원개발과 조직의 건강을 전문으로 다루며, 자문, 워크숍 제공, 강연, 팀에 대한 온라인 평가 등을 포함한 다양한 서비스를 제공한다. 패트릭은 아내 로라 및 세 아들 매튜, 콘널, 케이시와 함께 베이에 살고 있다. 그는 비영리 구호단체인 메이크어위시 재단의 전국 이사라는 사실을 자랑스럽게 여기고 있다.

● 존 맥스웰은 해마다 수십만 명의 사람들에게 직접 강연을 한다. 그는 포춘 500대 기업, 웨스트 포인트 사관학교 그리고 미국대학체육협회, 미국농구협회, 미국축구연맹 같은 스포츠 조직 등에 자신의 리더십 원리를 전달했다. 맥스웰은 맥시멈 임팩트를 포함한 인조이, 이큅 등의 기관을 설립했다. 맥시멈 임팩트는 사람들이 리더십 잠재 능력을 최대한 끌어내도록 돕는 일을 한다. 그는 30권 이상의 책을 썼는데, 그중에는 「생각의 법칙 10+1(Thinking for a Change)」 「결정적 순간의 원칙(There's No Such Thing as Business Ethics, 이상 청림출판)」 그리고 백만 부 이상 팔려나간 「리더십 21가지 법칙」 등이 있다.

● 데이빗 매컬리스터 윌슨은 전국에서 가장 크고 선도적인 신학교 가운데 하나로 해마다 약 1,300명의 학생들을 사역을 위해 준비시키고 있는 웨슬리 신학교 총장이다. 그는 교회를 부흥시키기 위한 노력으로 설교와 강연에 집중해왔다. 그러면서 사람들이 사역에 대한 부르심을 생각해보도록 돕고, 그들의 리더십을 개발시키는 사역을 하고 있다. 그는 특별히 지역 교회 안에서 리더십 개발에 강한 관심과 초점을 갖고, 웨슬리 신학교 안에 교회 리더십을 위한 더글라스 루이스 센터를 설립하도록 도왔다. 데이빗은 드레마 매컬리스터 윌슨과 결혼했는데, 드레마는 현재 버지니아 알렉산드리아에 있는 페어링턴 연합감리교회의 목사로 섬기고 있다. 그들은 댄, 애슐리, 카터 세 자녀를 두었다.

● 낸시 오트버그는 일리오이 주 사우스 배링턴에 있는 윌로우크릭 교회의 교육 목사다. 그녀는 현재 '18세부터 20대 초반까지를 대상으로 하는' 액시스 사역의 책임자다. 낸시는 리더십, 공동체, 다음 세대 등의 주제로 국내외에서 강사로 활동하고 있다. 그녀와 남편 존은 로라, 맬로리, 존 세 자녀를 두었다.

크리스천 리더십 챌린지

| 1쇄 인쇄 | 2009년 6월 10일 |
| 1쇄 발행 | 2009년 6월 20일 |

지은이 제임스 쿠제스 · 베리 포스너 외 5명
옮긴이 정옥배
펴낸곳 주)도서출판 디모데〈파이디온 선교회 출판 사역 기관〉

등록   2005년 6월 16일 제319-2005-24호
주소   서울 강남구 개포동 1164-21 파이디온 빌딩
전화   영업부 02)574-2630
팩스   영업부 02)574-2631
홈페이지 www.timothybook.com

값 10,000원
ISBN 978-89-388-1435-7
Copyright ⓒ 주)도서출판 디모데 2009 〈Printed in Korea〉

Christian LEADERSHIP CHALLENGE

크리스천
리더십 챌린지